칠죄종

교회를 무너뜨리는 일곱 가지 대죄

세움북스 는 기독교 가치관으로 교회와 성도를 건강하게 세우는 바른 책을 만들어 갑니다.

칠죄종

교회를 무너뜨리는 일곱 가지 대죄

초판 1쇄 인쇄 2025년 1월 15일
초판 1쇄 발행 2025년 1월 20일

지은이 | 권영진
펴낸이 | 강인구

펴낸곳 | 세움북스
등 록 | 제2014-000144호
주 소 | 서울시 종로구 대학로 19 한국기독교회관 1010호
전 화 | 02-3144-3500
이메일 | holy-77@daum.net

교 정 | 김민철
디자인 | 참디자인

ISBN 979-11-93996-35-5 (03230)

칠죄종

교회를 무너뜨리는 일곱 가지 대죄

권영진 지음

SEPTEM PECCATA CAPITALES

세움북스

추천사

칠죄종(七罪宗)? 칠주선(七主善)? 많은 분들이 처음 들어보셨을 것입니다. 어려운 한자어지만 그리스도교 전문 용어입니다. 각각 '뿌리가 되는 일곱 가지 죄(罪)', '일곱 가지 주요한 선(善)'을 가리키는 용어입니다. 저자 권영진 목사는 역사적으로 4세기에 동방 교회에서 나왔다고 추정되는 칠죄종과 역시 4세기에 서방 교회에서 나왔다고 추정되는 칠주선을 함께 다룹니다. 달리 말해 이 책은 그리스도교의 오래된 전통에 따른 일곱 가지 악덕(vice)과 일곱 가지 미덕(virtue)에 관한 이야기를 성경으로 풀어 갑니다. 최근에 이와 관련된 책들이 간간이 눈에 띕니다. 하지만 저자는 새로운 각도에서 칠죄종과 칠주선을 다룹니다. 즉, 책 제목은 칠죄종이지만 칠주선과 한 쌍으로 다룬다는 점에서 저자의 방식이 여타 7대 죄악을 다루는 책들과 다릅니다.

　7대 악덕으로는 '교만, 인색, 질투, 분노, 음욕, 탐욕, 나태'가, 7대 미덕으로는 '겸손, 자선, 친절, 인내, 순결, 절제, 근면'이 있습니다. 이런 악덕과 미덕 연구의 목적은 단순히 그리스도교의 오래된 전통을 되살리는 데 있지 않습니다. 먼저 저자는 각 '덕'(악덕과 미덕)을 진지하게 다루게 된 역사적 배경과 이유, 원래 사용 용법과 의미 등을 자세하게 살핍니다. 저자의 독특한 읽기와 해석의 예로, 일반적으로 '탐욕'으로 번역된 라틴어 *Avarita*(영, greed)를 '인색'으로 읽어 내고 거기에 따른 자세한 해석을 내놓습니다. 또 다른 예로, 저자는 라틴어 *Gula*(영, gluttony)를 전통적 번역인 '탐식' 대신 '탐욕'으로 번역해 해설합니다. 하지만 여기에서 끝나지 않습니다. 저자의 진심 어린 의도는 대칭되는 일곱 쌍의 악덕과 미덕('교만과 겸손', '인색과 자선', '질투와 친절', '분노와 인내', '음욕과 순결', '탐욕과 절제', '나태와 근면')이 성경 안에 이미 널리 퍼져 있다는 점에 착안하여 각 쌍의 본문으로 베드로전서, 고린도후서, 야고보서, 에베소서, 고린도전서, 디모데전서, 데살로니가후서의 해당 본문을 자세히 해설합니다. 즉, '칠죄종'이든 '칠주선'이든 초기 교회에 내재되었던 신앙적 문제와 깊숙이 연관되어 있다는 주장입니다.

이 책의 독특한 가치와 공헌은 첫째, 칠죄종과 칠주선을 개인 영성 형성을 넘어 공동체 영성 형성 차원에서 다뤄야 한다는 주장입니다. 칠죄종 및 칠주선이 성도 개인의 신앙생활에서 주의하거나 지녀야 할 개인적 윤리 기준과 지침에 머물러서는 안 된다는 것입니다. 달리 말해 교회 공동체적 윤리와 교회 정체성의 시각으로 칠죄종과 칠주선을 다루어야 한다는 것입니다. 둘째, 악덕과 미덕을 함께 대조적으로 다루는 점이 특이합니다. 렘브란트의 대조를 통해, 마치 철과 철이 부딪혀 더 날카롭게 하듯이 악덕과 미덕이 대립해서 서 있을 때 각각의 의미가 뚜렷하게 드러나고 있습니다. 셋째, 칠죄종과 칠주선이 단지 동·서방 교회 교부들의 착상에서 시작된 것이 아니라 1세기 초기 교회의 실정을 반영하는 신약 성경 자체 안에 있다는 주장입니다.

그렇다면 저자의 저술 목적은 무엇이겠습니까? 이미 예견한 대로, 2천 년 전 초기 교회를 반면교사 삼아 지금 21세기 한국 교회가 신실하고 성실한 하나님의 백성 공동체를 이루어 가라는 촉구이며 자명종 소리입니다.

끝으로 이 책의 정독을 마치며 떠오르는 성구가 있었습니다. "사랑에는 거짓이 없어야 합니다. 악한 것을 미워하고, 선한 것을 굳게 잡으십시오"(롬 12:9, 새번역). 그리스도인의 영성은 주로 '건강한 사랑'과 '건강한 미움'으로 구성되어 있습니다. 그러므로 저자와 함께 칠죄종은 적극적으로 미워하고, 칠주선은 적극적으로 사랑하고 행하는 신앙 공동체가 되었으면 하는 바람입니다. 이 책은 한국적 색채로 덧입힌 훌륭한 일곱 가지 악덕/미덕 세트 연구이며 강론입니다. 목회자나 신학생들을 포함한 모든 그리스도인들에게 일독을 권합니다. 교회의 독서 모임이나 성경 공부 모임에 좋은 교재도 될 것입니다.

류호준 | 백석대학교 신학대학원 은퇴 교수

목차

머리말

명색이 목사이지만 막상 '일곱 개의 대죄', 즉 서구 가톨릭 사회에서 '칠죄종'이라고 부르는 '죽음에 이르게 되는 일곱 개의 죄'에 대한 내용을 접한 것은 우습게도 주로 만화나 게임, 그리고 영화와 같은 서구 문화의 서브컬처 장르에서였습니다. 그러면서도 그냥 그러려니 하고 넘어갔을 뿐, 그것이 구체적으로 무엇인지, 왜 그런 것이 만들어졌는지, 교회는 그것을 어떻게 해석했는지, 그리고 성경은 이에 대해 무엇이라고 말했는지 등에 대해서는 잘 알지 못했습니다. 사실 워낙 생소한 분야라 별 관심도 없었습니다.

근래에 제가 섬기고 있는 정언향교회 주일 예배 설교 시간에 이 '칠죄종'을 주제로 연작 강해 설교를 하게 되었습니다. 처음부터 이 주제로 설교를 하려 했던 것은 아니었습니다. 다른 분야에 관한 자료를 찾다가 우연찮게 '칠죄종'과 연결된 자료를 보게 되면서 시작되었습니다. 구체적으로는 칠죄종 가운데 '탐식'이라고 알려진 항목이 사실은 '탐욕'에 관한 것이었음을 알게 되며 호기심이 생겼습니다.

'어? 왜 먹는 것에 관한 내용이 탐욕을 대체했을까? 그리고 이 둘은 어떤 관계가 있기에 이렇게 됐지?'라는 호기심으로 관련 자료를 찾다 보니 이 칠죄종이 제 생각보다 더 중요한 내용을 다루고 있음을 알게 되었습니다. 그리고 이 내용들이 개신교회에서는 거의 다뤄지지도 않았고, 관심도 별로 없는 분야라는 것도 알게 되었습니다. 제가 예전에 그랬듯이 말입니다.

제가 더 놀란 것은 이 칠죄종이 처음부터 독립적으로 존재한 것이 아니라 '칠주선'이라는 또 다른 내용들의 대척점(對蹠點)이라는 점이었습니다. '응? 칠주선은 또 뭐지? 이건 또 어떻게 형성됐지?' 하며 자료를 찾아보았습니다. 그 결과 이것들은 모두 초기 교회 시대부터 신약 성경에서 강조되었던 교회의 중요한 정체성을 이루는 기준들이었고, 그 기준들이 부족하거나 사라지게 되면 나타나는 부정적인 것들이 칠죄종에 해당하는 것임도 알게 되었습니다.

이것만으로도 이 연구는 제게 여러 의미가 있었는데, 더 의미가 있었던 것은 이 칠죄종과 칠주선의 항목들이 교회 공동체 전체에 필요한 주제임을 인식하게 된 점이었습니다. 현재에도 칠죄종과 칠주선은 가톨릭교회에서 종종 사용하는 개념이지만, 그곳에서는 주로 이 내용을 개인의 신앙과 영성이라는 측면에서 다루고 있습니다.

그러나 저는 이 항목들과 관련된 성경 본문들을 살펴보면서 이것은 단순히 개인의 신앙 영역에만 국한되는 것이 아니라 교회 공동체적 윤리이며 지침임을 확신하게 되었습니다. 왜냐하면 칠죄종과 관련된 신약 본문에 나타난 사도들의 경고와 권면에는, 분명히 당시의 시대적 상황 속에서 교회 공동체 전체에게 주어진 내용들이 많았기 때문입니다.

특히 주후 1세기 말엽, 정치, 사회, 종교적 혼란기 속에 있는, 유대인도 아니고 로마 제국의 신민도 아닌 예수 그리스도를 하나님 나라의 왕으로 믿고 고백하며 그분이 주신 교훈과 가르침에 따라 살기로 결정한 그리스도인들에게는 유대인과 로마인들과는 다른 하나님 나라의 기준과 윤리가 필요했습니다. 그래서 사도들은 여러 교회의 상황 속에서 필요한 권면과 가르침을 주었고, 그것들 중에서 훗날 칠죄종과 칠주선의 항목들이 수집되고 정리된 것이라고 저는 보았습니다. 따라서 이 내용들을 개인에게도 적용할 수 있겠지만, 우선적으로는 교회 전체에게 필요한 공동체적 기준과 경고라고 보는 것이 더 적절하다고 생각했습니다.

그래서 이 내용들을 코로나 팬데믹(pandemic)이라는 초유의 상황을 지나면서 익숙했던 교회의 기존 모습들에 의구심을 갖게 되었고, 고민 끝에 신앙과 관련하여 여러 가지로 혼란스러워하던 성도님들과 함께 나누면 좋겠다고 생각했습니다. 초기 교회가 지키고자 했던 중요한 가치들(칠주선)과 그것을 잃어버렸을 때 나타나는 부작용(칠죄종)들을 살펴보면서 오늘의 교회들에게 이런 가르침들이 어떤 의미가 있는지, 정언향교회는 어떤 가치를 붙들고 살아가야 하는지를 정리해서 7주 동안 연작 설교로 나눴습니다. 그렇게 부족하지만 일련(一連)의 설교를 나름대로 잘 마치고 성도님들과 피드백도 나누면서 다시 일상으로 돌아왔습니다.

그러던 어느 날, 세움북스의 편집인 김민철 목사님이 연락을 주셨습니다. 이 칠죄종 강해 설교를 책으로 내고 싶다고 말씀하셨습니다. 저는 그럴 생각이 전혀 없었기에 처음에는 그냥 덕담 정도로 알고 감사를 전하며 넘어가려 했는데, 의외로 목사님이 강하게 권면하시고 그 필요성을 이야기해 주셔서 고민 끝에 샘플 원고를 드렸고, 결국 이렇게 책으로 나오게 되었습니다. 생각지도 못한 때에 생각지도 못한 방식으로 졸고(拙稿)가 귀한 분들의 도움 덕분에 책이 되어 세상에 나오게 되었습니다.

이 책은 교회에서 했던 설교를 기반으로 하고 있습니다. 또 성도님들과 교회 현장에 관한 문제를 다루면서 함께 고민해 보자고 쓴 것이기에 학술적인 책도 아니고 전문적인 신학 서적도 아닙니다. 그래서 이 책을 읽어 주시는 독자님들이 신학에 관한 전문 지식이나 배경 학문들을 잘 알지 못해도 큰 불편 없이 책을 보실 수 있을 것 같습니다.

본문은 칠죄종 목록에 따라 총 일곱 개의 장(chapter)으로 구성되어 있습니다. 각 장에서는 먼저 해당 칠죄종에 대한 개괄을 했고, 이어서 그 칠죄종 목록과 관련된 성경 본문의 역사적 배경을 포함하여 개괄을 한 후에 성경 본문의 내용을 주해하면서 그 내용이 해당 칠죄종 및 칠주선과 어떤 관련이 있는지를 살펴보았습니다. 마지막으로는 생각해 볼 질문을 통해 본문의 내용을 개인에게 적용해 볼 수 있도록 구성했습니다.

또한 꼭 필요한 경우에는 바로 아래 각주에 보충 설명이나 관련 정보를 드리려고 했고, 관련 성경 본문도 독자님들이 읽고 이해하시는 데 어려움이 없도록 직관적으로 잘 번역된 '새번역 성경'을 사용했습니다. 그리고 정언향교회 설교 게시판에 묵상용 요약본으로 올리는 것과 비슷하게 한 장이 끝날 때마다 그와 관련된 성경 본문의 내용들을 읽고 생각해 볼 수 있도록 생각해 볼 질문들도 추가했습니다. 그 부분을 읽으며 혼자서 읽은 내용을 정리하거나 소그룹으로 나눌 수 있게 했습니다.

독자님들께는 조금 생소한 분야일 수 있습니다. 그러나 차근차근 내용을 따라오시다 보면 의외로 우리의 신앙 현장과 그 속에서 찾아볼 수 있는 교회 문제들과 매우 직접적으로 연결된 내용들이 많음을 느끼실 것입니다. 특히 현재 한국 개신교회의 모습에 대해 어떤 형태로든 문제의식을 느끼고 계시는 분들이라면 더더욱 그럴 것이라 생각합니다.

그도 그럴 것이 '칠죄종'이나 '칠주선'의 내용들은 초기 교회 때부터 교회 현장에 있었던 교회와 성도들의 문제였고, 한편 그 속에서도 교회다움을 잃지 않기 위해 사도들과 초기 교회 지도자들이 깊은 고민 속에서 성도들에게 전달해 주었던 예수 그리스도의 복음에 기초한 중요한 권면들이었기 때문입니다. 당연히 오늘의 교회에게도 적실한 내용이 될 수밖에 없습니다.

여러모로 부족한 책이지만 이 책을 읽으시면서 자신이 몸담고 있는 교회, 그리고 이 교회들이 모여 있는 한국 교회 모두가 다시금 회복해야 할 교회다움과 그 교회다움을 잃지 않기 위해 경계하고 주의해야 할 것들은 무엇인지 고민하게 되고, 그중 일부라도 실제로 우리 개인의 삶과 교회 현장에 적용해서 열매를 거둘 수 있다면, 제게 그보다 더 큰 기쁨과 감사는 없을 것입니다.

엉성한 책 내용을 잘 교정해 주시고 다듬어 주신 김민철 목사님과 시골 교회 목사의 졸고를 잘 봐 주셔서 책으로 나올 수 있도록 결정해 주시고 귀한 결과물로 만들어 주신 세움북스 강인구 대표님과 직원 여러분 모두에게 깊이 감사드립니다. 그리고 부족한 제자의 글에 기꺼이 귀한 추천사를 써 주신 은사님이신 류호준 교수님께 머리 숙여 감사를 드립니다. 더불어 부족한 사람을 위해 늘 기도해 주시고 위로해 주시면서 함께 아름다운 공동체를 세워 가고 있는 사랑하는 정언향교회 성도님들께도 사랑과 감사를 전합니다.

무엇보다도 이 책이 나오는 데 큰 공헌을 해 준 사랑하는 아내 김양희에게 특별히 감사드립니다. 제 설교를 주일마다 녹취하고 있는데, 이번에 책을 내면서 저도 다 기억하고 있지 못한 설교 내용들을 아내의 기록 덕분에 많이 찾을 수 있었습니다. 덕분에 책 원고를 쓰는 데 큰 도움을 얻었습니다. 이 책의 절반은 아내의 공입니다. 또한 돈 많이 버는 목사보다 올바른 목사인 아빠가 자랑스럽다고 격려해 주는 사랑하는 딸 송이에게도 같은 감사를 전합니다. 그 덕분에 가진 것 없어도 언제나 어깨에 힘주며 살아가고 있습니다.

원고를 마무리한 때가 2023년 성탄을 앞둔 대림절기였습니다. 어둡고 앞이 잘 보이지 않은 시간을 견뎌 내며 주님의 오심을 기다리는 때입니다. 고통과 탄식이 없을 수는 없지만, 그 뒤에 반드시 우리에게 찾아오시는 우리의 구원이자 소망이 되시는 우리 주 예수님께서 여러모로 어려운 때를 지나고 계시는 모든 분들께 큰 위로와 기쁨을 풍성히 허락해 주시기를 두 손 모아 기원합니다. 감사합니다.

Prologue

프롤로그

SEPTEM PECCATA CAPITALES

Prologue :
알아 두면 나쁘지 않은
'칠죄종'에 대한 이해

'칠죄종'(七罪宗, *Septem peccata capitales*)은 개신교에 속한 교회를 다니고 있는 성도들에게는 생소한 용어이지만 가톨릭교회에서는 종종 사용하는 용어입니다. 이 말은 사전적으로 '그 자체가 죄이면서 동시에 사람이 자기 자신의 뜻에 따라 지은 모든 죄(*peccatum proprium*)의 근원이 되는 일곱 가지 죄'를 의미합니다.

가톨릭교회에서는 '교오'(驕傲, *Superbia*, 교만하고 오만하여 남을 업신여김), '간린'(慳吝, *Avaritia*, 하는 짓이 소심하고 인색함), '미색'(迷色, *Luxuria*, 성욕의 노예가 되어 사물을 올바르게 보지 못함), '분노'(忿怒·憤怒, *Ira*, 분에 겨워 몹시 화를 냄), '탐도'(貪饕, *Gula*, 음식이나 재물을 탐하여 지나칠 정도로 먹고 마심), '질투'(嫉妬, *Invidia*, 우월한 사람을 시기함), '나태'(懶怠, *Acedia*, 게으르고 성실하지 못함)를 칠죄종으로 분류합니다.[1]

---

1 칠죄종의 순서는 경중(輕重)에 따른 것이 아닙니다. 그래서 나라마다 목록의 순서가 조금씩 다릅니다. 이 책에서는 『가톨릭교회 교리서』의 한국어판에 기록된 대로 교만, 인색, 시기, 분노, 음욕, 탐욕, 나태의 순서를 따릅니다.

각 항목들의 머리글자를 따서 'SALIGIA'로 부르기도 합니다.

구체적으로 가톨릭 교리서 1866항에서는 다음과 같이 칠죄종을 설명하고 있습니다.

악습들은 그와 반대되는 덕에 따라 분류할 수 있고, 또 죄종(罪宗)과 연관시킬 수 있다. 죄종(*peccata capitalia*)은 요한 카시아누스 성인과 대 그레고리오 성인의 뒤를 이어 그리스도인들의 경험으로 식별되었다. 이 악습들을 죄종이라고 부르는 이유는 그것들이 다른 죄들과 악습들을 낳기 때문이다. 죄종은 교만, 인색, 질투, 분노, 음욕, 탐욕, 나태이다.

칠죄종 목록은 초기 그리스도교 시절부터 사용되었는데,[2] 교리로 확립된 이후로는 인간이 죄에 빠지기 쉬운 성향과 그 죄들의 원천이 되는 죄성(罪性)의 내용을 교육하고 경계하기 위해 주로 사용되었습니다. 개신교 쪽에서는 이것이 구체적으로 교리화되어 있지는 않습니다. 그러나 서구 기독교 세계의 서브컬처 장르에서 '일곱 개의 대죄'라는 이름으로 영화나 게임 등에서 차용하고 있는 것을 보신 분들이 있을 것입니다.

그런데 이 목록들이 어느 정도 알려져 있기는 하지만, 왜 하

---

2 칠죄종이 교리적 내용으로 공식적으로 확립된 것은 주후 6세기이지만, 그 이전인 주후 4세기 무렵에도 어느 정도 이 내용이 확립되어 있었고, 그 이전인 초기 교부 시대, 심지어는 초기 교회 시대에도 신약 성경을 통해 이와 관련된 내용들이 교회와 성도들에게 널리 알려져 있었습니다.

필 이렇게 '죽음에 이르게 되는 중죄'가 되었는지는 잘 알려져 있지 않습니다. 생각해 보면 교만이나 탐욕 같은 항목은 일단 어느 정도 수긍이 되지만, 탐식(음식에 대한 욕심)이나 나태(게으름)와 같은 항목은 그게 그렇게 죽을 정도의 중죄라고 할 수 있을까 싶을 정도로 하찮게(?) 보입니다. 그럼에도 매우 오래전부터 서구 기독교 세계에서 이것들을 매우 중대한 죄악으로 분류했다면 그만한 이유가 있을 것입니다.

하지만 현대에 이르러서는 대부분의 사람들이 옛날부터 그렇게 사용해 왔으니 그런가 보다 생각하는 경우가 많습니다. 또한 이 내용들을 현대 교회에서 그렇게 중요하게 취급하지도 않다 보니 딱히 그 이상의 궁금함은 없는 경우가 대부분입니다. 마치 현재 우리가 보고 있는 구신약 성경 66권이 무슨 이유로, 어떻게 정경(canon)으로 선정되었는지를 잘 모르면서도 별로 궁금해하지 않는 것처럼 말입니다.[3]

칠죄종에 해당하는 목록들은 교황 그레고리우스 1세[4]가 창작

---

[3] 성경의 목록은 같은 기독교라 하더라도 종파에 따라 조금씩 다릅니다. 개신교는 구약 39권, 신약 27권, 총 66권을 정경으로, 가톨릭은 여기에 일곱 권의 외경(apocrypha)을 제2경전에 포함해서 구약 46권, 신약 27권, 총 73권을 정경으로, 정교회는 지역 정교회에 따라 조금씩 다르지만 대체적으로 제2경전 외에 3권의 외경을 더 포함시켜 구약 49권, 신약 27권, 총 76권을 정경으로 받아들입니다. 이는 정경, 즉 기준이 되는 거룩한 문서(성경)의 범위가 각 종파들의 신학적 관점과 이해에 따라 조금씩 다를 수 있음을 보여 줍니다.

[4] 가톨릭교회의 제64대 교황(재위: 590~604년)으로 대(大) 그레고리우스, 혹은 대교황으로 불릴 만큼 위대한 교황으로 평가받는 인물입니다. 정치, 신학 등 다방면에서 뛰어난 업적을 남겼지만, 무엇보다 세간(世間)에는 『그레고리우스 전례서』(Sacramentarium Gregorianum)로 대표되는 각종 기독교 전례(典禮, ritual ceremony)를 대대적으로 정립하고, 특히 그레고리안 성가로 알려진 중세 교회 음악의 틀을 정리한 교황으로 잘 알려져 있습니다.

하여 만든 것이 아닙니다. 그레고리우스 1세보다 이전 세대의 인물인 요한 카시아누스[5]가 먼저 교회 전통에서 전래되어 내려온 죄의 근원들에 해당하는 죄를 수집하여 정리했고, 훗날 그레고리우스 1세가 이를 체계적으로 다듬어서 공식적으로 '칠죄종'의 내용을 선포하고 이를 교리로 정립했습니다.

그렇다고 카시아누스가 독자적으로 칠죄종의 목록을 창작한 것도 아닙니다. 카시아누스 이전의 교회 시대, 즉 주후 4세기 이전의 초기 교부들의 시대와 그 이전의 초기 교회 시대에도 교회가 경계하고 두려워해야 할 죄의 목록들은 여럿 있었는데, 이를 카시아누스가 먼저 일차적으로 정리했고, 후대의 그레고리우스 1세가 다시 이 내용들을 집대성(集大成)한 후 정식 교리로 반포한 것이라고 할 수 있습니다.

중요한 것은 '이것을 누가 만들었는지'보다는 '왜 이 죄들이 당대의 교회에서 중요하게 언급되었고, 결국 교황이 나서서 이것을 정리할 정도로 이슈가 되었는지'입니다. 칠죄종은 집대성된 이후로 주로 성도 개인의 신앙생활에서 주의해야 할 윤리적 기준과 지침으로 활용되었지만, 실제로 이 죄의 목록들에는 그렇게 개인의 윤리적 문제로만 국한(局限)할 수 없는 부분이 있습니다.

---

5 요한 카시아누스(Ioannes Cassianus, 360?–435?)는 이집트에서 오랫동안 수도 생활을 한 영성가로 당대의 유명한 에바그리우스(Evagrius Ponticus)를 사사(師事)하였습니다. 399년 이후에 서방 교회로 자리를 옮겨 동방 교회와 사막 수도승들의 영성을 서방 교회에 접목하는 데 공헌하였고, 그의 저서들은 서방 기독교의 수도원 영성에 큰 영향을 끼쳤습니다.

왜냐하면 칠죄종은 본래 개인보다는 오히려 하나님의 백성 공동체, 즉 교회를 무너뜨릴 수 있는 중대한 죄들에 해당하기 때문입니다. 실제로 주후 1세기, 즉 초기 교회 시대의 교회들에게 사도들이 보낸 편지들(훗날 신약 성경의 서신서 그룹)을 보면, 사도들은 곳곳에서 이미 칠죄종에 해당하는 죄들을 다루면서 이것들이 교회 내에 퍼져 교회를 위협하고 무너뜨리지 않게 하도록 경계하라고 권면하고 있습니다. 즉, 교리로서의 '칠죄종'은 훗날 정리되었지만, 이미 여기에 해당하는 죄들은 신약 성경에서부터 중요하게 '교회를 위협하고 교회 공동체의 정체성을 무너뜨리는 중대한 죄'들로 언급되며 경계한 것들이었습니다.

여기서 한 가지 더 생각해 볼 것이 있습니다. 바로 칠죄종에 해당하는 죄들의 대척점에 있는 것들입니다. 이것을 가톨릭교회에서는 '칠주선'(七主善, Seven contrary virtues)이라고 부릅니다.[6] 이 칠주선은 고대 로마 시대의 기독교 시인이었던 프루덴티우스(Aurelius Prudentius Clemens)[7]가 5세기 초에 쓴 저서 *Psychomachia*에서 언급한 선한 가치들의 목록에서 유래되었습니다. 그것

---

6 보통 가톨릭교회의 '칠주선'이라고 하면, '사추덕'(四樞德, Cardinal virtues)이라고 하는 지혜, 정의, 용기, 절제와 '향주삼덕'(向主三德, Theological virtues)이라고 하는 믿음, 소망, 사랑이라고 말하는 경우가 있는데, 정확하게는 '칠주덕'(Seven heavenly virtues)으로 통칭되는 별개의 내용입니다. 이들은 가톨릭교회에서 장려하는 일곱 가지의 중요한 덕목입니다. 반면에 '칠죄종'과 대응하고 반대되는 개념으로서의 일곱 가지 선한 기준들은 '칠주선'으로 별도로 존재합니다.

7 로마 제정 시대인 318~410년 사이에 활동한 에스파냐(스페인) 출신의 시인입니다. 본래는 관리였으나 일찍 퇴직하고 하나님에 대한 다양한 찬미의 시와 노래를 만드는 것에 헌신했습니다. 그의 다양한 저작들은 서방 기독교 세계의 영성, 특히 수도원 영성에 큰 기여를 한 것으로 평가받습니다.

들은 각각 겸손(*Humilitas*), 자선(*Caritas*), 친절(*Humanitas*), 인내(*Patientia*), 정결(*Castitas*), 절제(*Temperantia*), 근면(*Industria*)입니다.[8]

이것들 역시 프루덴티우스가 단독으로 창작해 낸 것이 아니라 칠죄종과 마찬가지로 이미 이전부터 교회 내에서 장려되던 선한 가치들이었습니다. 또한 초기 교회 시대부터 사도들의 편지(서신서) 속에서 교회 공동체의 정체성을 보여 줄 수 있는 중요한 덕목들로 강조하던 것들이었습니다. 후대의 교황 그레고리우스 1세는 이 덕목들을 수용하면서 자신이 정리한 칠죄종을 여기에 각각 대응하는 것으로 정리했고, 이 내용들이 오늘날의 '칠죄종'과 '칠주선'으로 완성되었습니다.

정리해 보면, 칠죄종에 해당하는 항목들은 초기 교회 시대부터 교회들이 경계하고 주의했던 교회의 공동체성을 파괴할 수 있는 중대한 죄들이었고, 반대로 칠주선에 해당하는 항목들은 교회의 고유한 공동체성을 드러낼 수 있는 중요하고 선한 가치들이었습니다.

오늘날에는 이 내용들이 교회 현장에 거의 알려지지 않았거나 알려져 있더라도 개인의 윤리 기준 정도로만 축소된 부분이 없지 않습니다. 그 이유로 여러 가지가 있겠으나 개인적으로는 칠죄종과 칠주선의 항목들에 대한 관심과 경각심 등이 교회 현

---

8 그레고리우스 1세는 이 항목들과 칠죄종의 내용들을 각각 짝을 맞춰 정리했습니다. 그 결과 교만-겸손, 인색-자선, 질투-친절, 분노-인내, 음욕-순결/정결, 탐욕-절제, 나태-근면 이 서로 대척점에 있는 칠죄종과 칠주선의 항목들로 완성되었습니다.

장에서 아예 사라진 것이 가장 큰 이유가 아닐까 생각합니다. 그나마 이것을 교리적으로 정리하고 보존해 온 가톨릭교회에 반해 개신교, 그것도 한국 개신교회와 성도들은 이런 내용들 자체를 아예 모르는 경우가 태반이라 더욱 그러할 것이라 생각합니다.

특히 이 내용들에 대한 관심이 사라진 것은 초기 교회가 보존하고자 노력했던 교회의 정체성(identity)과 그 의미를 오늘날의 교회들이 그다지 중요하게 여기지 않는 것과 연관이 있다고 봅니다. 오늘날 교회들이 좋아하고 관심을 갖는 것들 중에는 성경에서 사도들이 교회가 경계하고 추방해야 할 것들로 말한 것이 상당수임이 현실이기 때문입니다. 앞으로 칠죄종과 칠주선의 구체적 내용들을 살피면서 이런 간극(間隙)이 왜 생겼는지, 그리고 그것이 갖는 의미는 무엇인지를 함께 고민해 보았으면 합니다.

교만

SEPTEM PECCATA CAPITALES

주요 본문: 베드로전서 5:1-6

너희 중 장로들에게 권하노니 나는 함께 장로 된 자요 그리스도의 고난의 증인이요 나타날 영광에 참여할 자니라 너희 중에 있는 하나님의 양 무리를 치되 억지로 하지 말고 하나님의 뜻을 따라 자원함으로 하며 더러운 이득을 위하여 하지 말고 기꺼이 하며 맡은 자들에게 주장하는 자세를 하지 말고 양 무리의 본이 되라 그리하면 목자장이 나타나실 때에 시들지 아니하는 영광의 관을 얻으리라 젊은 자들아 이와 같이 장로들에게 순종하고 다 서로 겸손으로 허리를 동이라 하나님은 교만한 자를 대적하시되 겸손한 자들에게는 은혜를 주시느니라 그러므로 하나님의 능하신 손 아래에서 겸손하라 때가 되면 너희를 높이시리라

참고 본문: 빌립보서 2:1-4

그러므로 그리스도 안에 무슨 권면이나 사랑의 무슨 위로나 성령의 무슨 교제나 긍휼이나 자비가 있거든 마음을 같이하여 같은 사랑을 가지고 뜻을 합하며 한마음을 품어 아무 일에든지 다툼이나 허영으로 하지 말고 오직 겸손한 마음으로 각각 자기보다 남을 낫게 여기고 각각 자기 일을 돌볼뿐더러 또한 각각 다른 사람들의 일을 돌보아 나의 기쁨을 충만하게 하라

칠죄종 첫 번째 항목
교만(驕慢, Pride)

서양의 기독교 세계관에서 유래한 칠죄종 목록들은 기독교가 로마 제국을 비롯한 서구 사회의 주류 종교가 되기 전부터 신약 성경, 특히 서신서와 초기 교회에서 중요하게 언급했던 죄악들의 목록이기도 합니다.[9] 실제로 초기 교회는 초창기, 즉 신약 성경이 기록되던 때부터 7대 죄악으로 언급한 죄들이 단순한 개인의 윤리 문제가 아니라 교회 공동체 전체를 무너뜨리는 위험한 원인들로 보고 이를 엄중히 경계했습니다.

칠죄종은 본래 독립적인 것이 아니라 칠주선(겸손, 자선, 친절, 인내, 순결, 절제, 근면)의 반대 개념들(antitheses), 더 정확하게는 칠주선 부재(不在)의 결과로 정리된 것입니다. 그리고 칠주선 역시 칠죄종과 마찬가지로 개인 윤리가 아니라 초기 교회 공동체의 신학적 정체성을 드러내는 중요한 교회 공동체 가치들의 목록

---

9 칠죄종이 공식적으로 결정된 것은 주후 6세기 교황 그레고리우스 1세 때였지만, 그가 이 내용들을 만든 것이 아니라 이미 그 전부터 서구 기독교 사회에서 광범위하게 인식되고 있던 칠죄종에 관한 이해들을 정리하고 집대성했을 뿐임을 앞서 말씀드렸습니다. 따라서 칠죄종의 항목들은 이미 당시의 교회들에게 익숙하게 알려져 있던 것이라 보는 것이 적절합니다.

이라 할 수 있습니다.

칠죄종 목록[10]에 있는 죄들의 순서는 죄의 경중에 따른 것이 아닙니다. 하지만 가장 먼저 언급된 '교만'이 나머지 죄들의 기반(foundation)이 된다는 점은 의미가 있습니다. 이를 고려할 때, 칠죄종은 단순히 죄악들을 열거해 놓은 목록이 아니라 '교만'을 정점으로 거기에서부터 파생된 죄의 성향(확장)이라고 할 수 있습니다. 즉, 교회는 '교만'을 교회가 하나님의 은혜에서 떠나게 만드는 가장 중요한 죄로 보았고, 교만에 빠진 교회는 나머지 칠죄종에 해당하는 죄들도 범하게 된다고 이해한 것입니다.

그런데 이것이 초기 교회만의 이해는 아닙니다. 구약 성경에서도 인류의 모든 죄와 저주의 시작이 다름 아닌 하나님과 같이 되고자 했던 '교만'의 결과라고 말하고 있기 때문입니다. 이러한 성경의 기본적 관점이 신약 성경의 배경, 즉 주후 1세기의 그레코-로만 사회(지중해 사회)를 지배했던 로마 제국의 시대적 상황 속에서 좀 더 구체적으로 확장된 것입니다.

그런 의미에서 교만을 포함한 칠죄종은 교회가 세상을 바라보고 해석하는 관점을 설명하고, 교회의 가치관과 정체성을 드러내는 기준들을 천명(闡明)하는 과정의 결과물이라 할 수 있습니다. 특히 교회 공동체는 하나님 나라의 정체성을 드러낼 수

---

10 칠죄종의 순서는 교만, 인색, 질투, 분노, 음욕, 탐욕, 나태입니다. 대중문화에서는 두 번째 항목인 인색을 탐욕으로, 여섯 번째 항목인 탐욕을 탐식으로 알고 있는 경우가 많은데, 이는 일반 대중에게 알려지면서 왜곡된 것으로 본래는 각각 인색과 탐욕이 맞습니다.

있는 중요한 가치(칠주선)들을 강조하면서 하나님 나라의 대척점에 있는 당대의 로마 제국으로 대표되는 '세상'(특히 제국의 시스템)의 부패하고 왜곡된 가치들과 기준들의 문제점을 비판합니다. 더 나아가 이를 경계하고 반대함으로써 성경적 교회의 순전함을 지키고자 했습니다. 그런 교회의 의지가 반영된 결과물이 훗날 교회가 공식적으로 공표한 칠죄종이라 하겠습니다.[11]

칠죄종의 첫 출발점이 되는 죄악인 교만은 라틴어 *Superbia*에서 유래한 개념으로 영어로는 보통 pride로 번역합니다. 이를 좋게 말해 '자존심'으로 이해할 수도 있지만, 칠죄종에서의 교만은 매우 부정적인, 그것도 칠죄종의 첫 번째이자 교회와 성도를 무너뜨리는 가장 강력한 죄악(정확하게는 성향과 가치관)으로 나타납니다.

일반적으로 한국 사회에서 교만은 '남들 앞에서 잘난 체하고 으스대는 태도'로 이해됩니다. 그런데 칠죄종 교만은 그보다는 타인을 하찮게 보고 낮추어 보는 태도, 즉 오만(傲慢)에 더 가깝습니다. 이 개념의 핵심은 상대를 자신과 동일한 존재로 여기지 않는다는 것입니다. 이는 로마라는 제국 내에 필연적으로 존재할 수밖에 없는 신분제라는 배경을 고려할 때, 교회 내에도 성

---

11 개신교회에 소속된 성도, 특히 한국 교회 성도들이 가톨릭교회(정확하게는 로마 가톨릭)가 처음부터 부패하고 변질되었다고 크게 오해하는 경우가 종종 있습니다. 그런데 이는 종교개혁 당시 로마 가톨릭교회의 상황, 즉 16세기 서구 유럽 사회에 나타난 교권(敎勸)의 부패와 변질을 과거의 모든 시대로 환원하여 단편적으로 적용한 오해입니다. 개혁 교회라고 늘 깨끗한 것은 아니었듯이 가톨릭교회 역시 늘 부패한 것은 당연히 아니었습니다.

도들 사이에 차등적 계급 구조가 있었음을 의미합니다.

초기 교회는 이러한 차등적 계급 구조가 교회 내에 존재하지 않도록 교만을 가장 위험한 죄로 보고 이를 금하라고 강력하게 경고했습니다. 교회가 경계하고 피해야 할 중대한 죄들이 성경 내에서 숱하게 발견되지만, 그중에서도 교만은 위로는 하나님을 대적하고 아래로는 교회 내 성도들 사이의 관계를 근본적으로 망가뜨리는 무서운 죄입니다. 하나님 나라에는 본래 계급이 없는데, 이 교만은 필연적으로 사람 사이에 차별적 계급 제도를 만들기 때문입니다. 따라서 칠죄종의 가장 우선순위에 교만을 두고 경고한 것이라 할 수 있습니다.

한편, 교만은 칠주선 가운데 '겸손' 부재의 결과이기도 합니다. 다시 말해 초기 교회가 교회 공동체의 정체성을 잘 드러내면서 교회를 교만의 위험에서 지킬 수 있는 가장 중요한 가치를 겸손이라고 이해했다는 의미입니다. 그렇기에 칠죄종 교만이 단순히 개인적 윤리를 말하는 것이 아니듯, 칠주선 겸손 역시 단순히 개인적 성품만을 의미하는 것은 아닙니다.

겸손은 일반적으로 한국 사회에서 '자신을 낮추어 상대방을 높이는 태도'로 이해됩니다. 구체적으로는 '겸양'(謙讓)에 더 가깝습니다. 그러나 칠주선에 나타난 겸손의 개념은 이와는 결이 좀 다릅니다.

특히 칠주선 겸손이 사라진 곳에 나타나는 현상이 칠죄종 교만입니다. 즉 상대방을 같은 사람으로 인정하지 않고 차별하며, 자신보다 못하다고 생각하는 이들을 하찮게 보고 낮추어 대하는 태도입니다. 그렇게 보면 칠주선 '겸손'은 '교만'과는 반대로 교회 내 성도들 사이에 어떠한 차별도 없고, 다른 이들을 하찮게 여기는 것도 없이 서로 존중하며 대하는 태도와 연관이 있습니다.

이렇듯 칠죄종에서 말하는 '교만'과 칠주선에서 말하는 '겸손'은 생각보다 훨씬 교회 공동체 전체에 적용해야 하는 내용과 의미를 내포하고 있습니다. 교만이 교회를 무너뜨리게 하는 가장 중요한 죄악이라면, 겸손은 반대로 교회를 살리고 교회를 교회답게 만드는 가장 중요한 덕목입니다. 실제로 성경에서도 교만은 하나님의 심판을 불러오는 중대한 죄악이고, 겸손은 하나님의 긍휼과 연민(인애)을 받게 만드는 중요한 덕목입니다. 따라서 칠죄종, 칠주선에서 말하는 '교만'과 '겸손'에 대한 이해는 좀 더 새롭게 재고되어야 합니다.

한국 교회 상황에서도 이 부분이 중요한 것은 모두가 교회 내에서 평등하고 동등한 지체라고 말은 하지만, 실제로는 교회 내에 온갖 종류의 '신분제'가 엄연히 존재하고 있기 때문입니다. 목사, 장로, 집사와 같은 섬김과 봉사를 위한 직분이 하나의 계급처럼 자리 잡았습니다. 특히 목사는 마치 교주처럼 성도들 위에 군림하는 경우가 많습니다. 그리고 성도들은 그런 목사를 떠

받들고 섬기는 존재가 되었습니다. 교회에 바치는 헌금의 액수와 교회에 기여하는 지분에 따라 같은 성도라도 교회 내의 발언권과 영향력이 전혀 다른 것이 부인할 수 없는 교회 내 현실입니다. 그런 의미에서 칠죄종 '교만'과 칠주선 '겸손'에 관한 초기교회의 역사적 이해와 성경의 교훈에 한국 교회 역시 겸손하게 귀를 기울여야 합니다.

<h2>성경 속으로
베드로전서의 배경과 특징</h2>

베드로전서의 배경은 사도 베드로의 생전 기록일 경우 네로 황제 치하에서 기독교 공동체가 고난 받던 시기(주후 65년 전후), 유작(遺作)일 경우 예루살렘 멸망 이후 유대 및 로마 사회로부터 기독교 공동체의 배척이 본격화된 시기(주후 1세기 말, 70년대 이후)입니다.[12] 일반적으로는 사도 베드로의 생전 저작(혹은 대필)이라고 보는 견해가 다수입니다.[13]

다만 기록 시기가 어느 경우든 '고난에 처한 공동체'가 베드로전서를 이해하는 데 중요한 역사적 배경(정황)이 되는 것은 틀

---

12 베드로는 자신을 '장로'라고 칭한 적이 없고(벧전 5:1), 로마 제국을 '바벨론'이라고 칭한 것(벧전 5:13)은 1세기 말엽에나 나타나는 특징입니다.
13 이 경우 사도 베드로의 수행인이었던 실루아노가 유력한 저자 후보가 됩니다(벧전 5:12).

림없습니다(참조, 벧전 4:12-16; 5:8-10).[14] 베드로전서는 이런 어려운 상황, 즉 핍박과 고난에 따른 일상과 생존의 위협에서 교회가 세상을 향해 드러내고 지켜야 할 성경적 공동체의 가치들이 무엇인지를 교훈하고 권면하고 있습니다.

고난과 핍박이라는 말을 교회에서 자주 듣게 되지만, 실제로 이것은 그리 쉽지 않습니다. 본인의 잘못이 없음에도 예수님을 믿는다는 이유로 예수님과 교회를 위해 억울한 피해를 입고 불이익을 받으며 심지어는 자신의 재산과 가족, 더 나아가 생명의 위협을 받는 상황이 어떻게 쉬운 일이겠습니까? 이것은 인간이라면 누구나 참고 견디기 어려운 일입니다. 성도라 하더라도 이런 경우를 무조건 믿음으로 이겨 낸다는 것은 너무 가혹한 일입니다.

그런데 1세기 당시의 초기 교회는 - 그나마 제대로 된 종교적 체계나 잘 구성된 조직도 없는 - 이런 어려운, 심지어는 선례(先例)조차도 없는 상황에 놓이게 되었고, 그 속에서 자신들의 앞날에 대한 선택과 그에 따른 결과를 감당해야 했습니다. 게다가 그 당시의 교회들에게는 기록으로 남겨진 예수님의 행적과 가르침, 그리고 이를 전하는 지도자들밖에 없었습니다.

이러한 배경에서 베드로전서의 저자는 "그리스도의 고난의

---

14 고린도전서나 갈라디아서 같은 경우는 교회 공동체 내부의 갈등과 대립에 따른 분열과 다툼이 어려움의 원인이었고, 베드로전서 같은 경우는 당시 교회들이 외부(로마 제국 혹은 유대인들)로부터 받던 위협과 핍박이 어려움의 원인이었습니다.

증인"(벧전 5:1)의 자격으로 현실의 어려운 상황(고난) 속에서 교회 공동체를 이끌어 가야 할 지도자들(장로들)과 또 그들의 지도를 따라 함께 교회 공동체를 세워 나가야 할 젊은 성도들에게 교회가 어떤 곳인지, 또 어떤 원리로 교회를 세워 나가야 하는지를 말하고 있습니다.[15]

   베드로전서의 저자는 로마 제국의 사회적 변화에 따른 외부로부터 닥친 고난(핍박) 때문에 위기에 처한 교회에게 '교회다움'을 지키고 고난에 맞서 교회를 굳게 지킬 수 있는 가치와 경계해야 할 것으로 '겸손'과 '교만'을 중요하게 언급하고 있습니다. 여기에는 로마 제국에서 찾아보기 어려운 하나님 나라의 가치를 교회가 드러내고 있다는 점에서 매우 중요한 의미가 있습니다. 당대에는 생소한 '교회'(Ecclesia)[16]라는 조직과 그 조직이 지향하고 있는 가치(복음과 하나님 나라)를 통해 교회는 로마 제국 사람들에게 매우 특별한 곳으로 이해되었기 때문입니다.

---

15 베드로전서에 강하게 나타난 사도 베드로의 신앙적 교훈은 '배교(背敎)에 대한 경고'입니다. 이는 베드로 자신의 자전적(自傳的) 배경이 큰 영향을 끼쳤을 것입니다. 자신이 바로 예수님의 수제자이었음에도 예수님께서 십자가에 달려 돌아가실 때 자신의 선생님을 세 번이나 부인한 '배신자'였기 때문입니다. 그래서 그는 후대의 교회에게 자신과 같은 일을 반복하지 말 것을 간곡하게 권하고 있습니다(벧전 4:12-19 참조).

16 본래 '에클레시아'는 헬라 아테네의 민회(民會)를 가리키는 용어였습니다. 이는 점차 '고유의 목적을 가진 사람들의 모임'이라는 개념으로 확장되었는데 그 가운데 초기 교회는 그 고유한 특수성을 가지고 있는 매우 독특한 '에클레시아'로 사람들에게 알려졌습니다.

칠죄종 '교만'과 칠주선 '겸손'의 의미

로마 제국은 아우구스투스 황제 이후(주후 1세기 초반) 강력한 제국(帝國)으로의 기틀을 완전히 잡았고, 게르만족 영역이라고 할 수 있는 북부 유럽 지역을 제외한 지중해 세계(북아프리카와 팔레스타인 지역을 포함)의 지배권을 거의 확립했습니다.

베드로전서가 기록된 시기(주후 1세기 후반)의 로마 제국에서는 황제 자리를 놓고 치열하게 다퉜던 권력자들의 복잡했던 암투가 어느 정도 정리가 되었고, 당시 지중해 세계에서 로마 제국에 맞설 수 있는 세력은 거의 없었습니다. 당시 로마 제국은 초강대국이었고, 그에 따라 로마 제국의 황제와 중앙 정부의 관리들은 물론 로마 제국의 속국 및 자치령에 파견된 총독과 관리들 역시 강력한 권위와 권력을 휘둘렀습니다.

공화정(共和政)이 무너지고 본격적인 제정(帝政) 시대로 접어들면서 지배자(로마)와 피지배자(식민지)의 신분은 분명하게 갈리게 되었고, 로마 제국에서는 신분과 권력에 따라 힘을 가진 자들이 그렇지 못한 이들을 지배하고 수탈하는 것이 점차 당연하고 자연스럽게 되어 갔습니다. 따라서 이런 높은 자리에 오르기 위해 로마 시민이 아닌 이들은 뇌물과 매관매직(賣官賣職)을 통해 신분 상승을 이뤘고, 그렇게 목적을 이룬 이들은 자신이 바치고 사용한 뇌물보다 더 큰 이익을 취하기 위해 자신의 지배를 받는 약자들에게 더 가혹한 수탈과 폭정을 휘두르는 경우가 많았습니다. 초기 교회 공동체들이 주로 위치했던 팔레스타인-소아시아 지역 역시 예외는 아니었습니다.

힘이 있으면 약자를 지배하고 다스리며 그만한 권세와 권위를 누리는 것이 당연해진 제국의 시스템 속에서 교회 역시 중대한 변화의 기로에 서게 됩니다. 왜냐하면 교회는 로마 제국의 황제와 그에게 속한 권력자들이 다스리는 세계가 아니라 그리스도가 자신들의 왕이 되고 하나님 나라의 기준과 가치를 따라 서로 사랑하며 약자와 가난한 자를 돌보는 세계에서 살아가기로 다짐한 사람들의 모임이었기 때문입니다.

교회의 입장에서 세상은 하나님께 속한 것이고 가난한 자와 약자들은 수탈과 압제의 대상이 아니라 돌봄과 환대의 대상이었습니다. 그러나 제국이 된 로마는 황제를 정점으로 힘 있는 자들이 그렇지 못한 이들을 지배하고 수탈하는 시스템에 따라 움직이는 곳이었습니다.

이런 사회적 상황 속에서 베드로전서는 교회 공동체가 취해야 할 태도와 방향을 다시금 분명히 합니다. 특히 권력(힘)을 교회 내에서 어떻게 사용해야 할지에 대해서 당시의 세상(로마 제국)과는 전혀 다른 형태의 기준과 원칙을 제시합니다. 본문에서 말하고 있는 '교만'과 '겸손'은 이 권력(힘)을 다루는 방식과 중요한 연관성이 있는 개념입니다.

본문은 교회 내의 두 그룹에게 각각 권면을 합니다. 하나는 교회를 이끌어 가는 지도자(장로) 그룹이고, 다른 하나는 그들의 지도를 받는 젊은 성도들 그룹입니다. 저자는 교회의 장로들에게 먼저 권면하는데, 그 내용을 보면 당시 로마 제국에서 흔히 볼 수 있는 지도자(권력자)들이 보여 주는 모습과는 사뭇 다릅니다.

> 여러분 가운데 있는 하나님의 양 떼를 먹이십시오. 억지로 할 것이 아니라, 하나님의 뜻을 따라 자진하여 하고, 더러운 이익을 탐하여 할 것이 아니라, 기쁜 마음으로 하십시오. 여러분은 여러분이 맡은 사람들을 지배하려고 하지 말고, 양 떼의 모범이 되십시오 _ 벧전 5:2-3, 새번역

로마 제국은 물론이고, 유대인들 사회에서도 종교는 권력이었습니다. 로마의 신들을 섬기는 제사장과 유대교의 예루살렘 성전 제사장(사두개파)들은 어떤 면에서는 세상 권력자들 이상의 무소불위한 권력을 백성들에게 휘둘렀습니다. '신'의 후광을 등에 업고 신의 대리자로 막강한 영향력을 행사할 수 있었기 때문입니다.

만일 교회 지도자들도 당시 로마 제국의 권력자들과 같이 된다면, 즉 그들의 방식에 익숙해지게 된다면, 교회의 구성원(성

도)을 마음을 다해 사랑하며 섬기지 않게 되고, 단지 그들을 자신의 이익을 채워 주는 수단과 도구로 생각하게 될 가능성이 높아질 것입니다.

그래서 교회의 장로들에게 요구하는 지도자의 자격과 책임은 당시 세상에서 흔히 볼 수 있는 종교 권력자들의 그것과는 사뭇 달랐습니다. 교회 지도자들에게 무소불위의 권력을 휘두르는 것은 고사하고 양 무리(성도)를 억지로 섬기지 말고, 다시 말해 일이라고 생각해 마지못해 하지 말고, 자원함으로, 진실함으로 하라고 권고합니다. 또한 성도들을 자신의 이익 수단이나 도구로 삼아 불의한(더러운) 이익을 취하지 말라고 강하게 권고합니다(벧전 5:2). 그리고 더 나아가 성도들에게 강압적으로 명령하지 말고 매사에 솔선수범하며 자신이 먼저 본을 보이라고 권면합니다(벧전 5:3). 이것이 당시 교회가 보여야 할 세상과 다른 하나님 나라의 모습이었습니다.

힘이 없어서가 아니라 당시의 종교 지도자들처럼 힘을 휘두를 수 있음에도 – 그것이 또 당연시되던 사회에서 – 오히려 자신에게 주어진 힘(권력)을 자신의 이익을 위해서가 아니라 신자들의 유익을 위해, 그들을 부당하고 불의한 세력으로부터 보호하고 그들을 변호하기 위해, 그리고 그들을 예수 그리스도를 올바르게 믿을 수 있는 성도로 이끌기 위해 사용해야 한다고 본문은 말하고 있습니다. 이것이 바로 교회의 지도자들에게 주어진 책임이었고 지도자의 자격이었습니다.

　이는 하나님 나라의 중요한 모습이기도 합니다. 하나님도, 예수님도 섬김을 받으셔야 마땅한 창조주와 구원자이심에도 오히려 당신들에게 불순종하고 반역하는 이들을 사랑하시고 그들을 위해 당신을 희생하셨기 때문입니다.

　자신에게 위임된 힘과 권력을 자신의 이익이 아닌 타인의 이익과 약자들의 보호를 위해 사용하는 것이 본문에서 말하는 '겸손'의 본질입니다. 즉, 칠주선 겸손은 올바르게 권력을 사용함을 의미합니다. 반대로 자신의 지위와 권력을 이용해서 다른 이들을 차별하고 억압하고, 더 나아가 자신이 '신'의 위치에서 다른 이들을 판단하고 심판하려는 것이 본문에서 금지하고 있는 '교만'의 본질입니다. 즉, 칠죄종 교만은 부당하고 불의하게 권력을 사용함을 의미합니다.

　그런 의미에서 칠죄종에서 말하는 '교만'의 핵심은 자신을 다른 이들보다 더 높고 우위에 있는 존재라 생각하는 마음이라 할 수 있습니다. 그리고 그런 상태가 심해지면 자신보다 못하다고 생각하는 이들을 차별하고 억압하게 되고, 거기에 실제적인 힘과 권력이 더해지면 결국 자신이 '신'의 위치에 올라가 다른 이들을 자신의 마음대로 휘두르게 됩니다. 그래서 본문에서는 이런 교만한 자를 하나님께서 대적하시고 결국 심판하신다고 경고하는 것입니다(벧전 5:5).

이는 현대 교회들에게도 교회 권력의 본질과 권력을 사용하는 방향에 대한 매우 중요한 기준이 됩니다. 왜냐하면 현대 교회 지도자들(대표적으로 목사와 장로) 중에서도 베드로전서를 포함해 성경에서 말하는 바와 같이 교회 내에서 위임받은 힘과 권력을 성도들을 섬기고 약자를 보호하는 데 사용하지 않고, 신의 뜻을 빙자해[17] 자신의 탐욕과 욕망을 실현하기 위해 교회의 재정과 성도들을 자기 마음대로 전횡(專橫)하는 이들이 적지 않기 때문입니다. 그리고 불의하고 불법적인 비리까지는 저지르지 않아도 목사나 장로들 스스로가 교회의 모든 일들을 자신들 마음대로 결정하려고 권위를 휘두르며 다른 지체들을 자신의 아랫사람처럼 대하고, 심지어는 자신이 하나님의 위치에서 사람들을 정죄하고 판단하는 경우도 적지 않기 때문입니다. 즉, 그들은 목사나 장로라는 위임받은 직분을 어떤 계급이나 권세처럼 생각합니다.

이는 모두 성경이 말하는 겸손과는 거리가 먼, 교만한, 다시 말해 신의 위치에서 권력을 휘두르는 모습입니다. 지금이라도 성경 말씀과 기준에 귀를 기울이고 그 뜻을 마음에 새겨 교만하지 않고 겸손하게, 자신에게 위임된 권력을 전횡하지 않고 교

---

17 현대 교회 지도자들의 못된 언어 습관 가운데 하나가 자신이 하고 싶은 말을 "하나님께서 나에게 이렇게 말씀하셨다", "하나님께서 이러한 마음을 주셨다"는 식으로 말하는 것입니다. 그냥 "내가 이렇게 하고 싶다", "이렇게 하면 어떨까 생각한다"고 해도 될 텐데, 굳이 하나님의 이름을 들먹이는 것은 자신이 신의 사자임을 은연중에 드러내고 신의 이름을 내세워 성도들에게 강압적으로 자신의 의지를 관철하려는 심리가 반영된 것이라 봅니다. 매우 옳지 않고 시급히 고쳐야 할 언행이라 생각합니다.

회와 성도들을 섬기고 헌신하는 교회의 지도자들이 많아지기를 바랍니다.

본문은 이어서 교회의 지도자들에게 지도를 받는 젊은 성도들 – 본문의 맥락에서는 신앙의 연륜이 짧은, 즉 신자가 된 지 얼마 되지 않은 초신자의 의미에 가깝습니다 – 에게도 중요한 성도의 자세와 태도를 권면합니다.

젊은이 여러분, 이와 같이 여러분도 나이가 많은 이들에게 복종하십시오. 모두가 서로서로 겸손의 옷을 입으십시오. 하나님께서는 교만한 자를 물리치시고, 겸손한 사람에게 은혜를 베푸십니다. 그러므로 여러분은 하나님의 능력의 손 아래로 자기를 낮추십시오. 때가 되면, 하나님께서 여러분을 높이실 것입니다
_벧전 5:5-6, 새번역

본문은 교회의 성도들에게 교회가 공식적으로 세운 지도자(장로)들의 권위를 인정하며 이에 순복하는 자세가 필요하다고 권고합니다. 그 권위는 그리스도로부터 위임되었기 때문입니다. 또한 서로를 대할 때 역시 서로를 억압하거나 차별하지 말고 상대방을 더 존중하라고 권고합니다.

여기에서 중요하게 언급된 개념이 바로 '겸손'입니다. 겸손에 대한 정의는 여러 가지겠지만, 본문에서 말하는 '겸손'은 앞서

살펴본 것처럼 공동체 내에서의 권력(힘) 방향과 이를 사용하는 원칙에 관한 것임을 알 수 있습니다.

당시 교회 공동체는 유대교와는 달리 다양한 문화와 배경을 가지고 있는 사람들의 모임이었습니다. 인종, 국적, 신분, 재산, 성별도 천차만별이었습니다. 따라서 당시 로마 제국에서 통용되던 기준에 따라 차등적 차별이 생기는 것은 어쩌면 당연한 일이었습니다. 그런데 베드로전서 본문에서는 그 모든 차별적 상황을 뛰어넘어 서로가 서로를 존중하고 서로 섬기며 복종하는 태도를 취하라고 권면합니다. 그것이 진정한 '겸손'이라고 교훈합니다.

지도자들이 자신의 권력을 과시하고 휘두르지 않아야 하듯이, 그들로부터 배우고 지도를 받는 성도들 역시 정당한 절차를 따라 세워진 지도자들에게 공동체가 부여한 권위를 존중하며, 정당한 절차를 통한 지도에 순종하는 것이 옳습니다. 이는 갈수록 정당한 권위조차도 무너지고 가정, 학교, 회사, 사회 전반에 걸쳐 권위에 대항하고 불순종하는 것을 일종의 '멋'으로 아는 이들이 늘어나는 현실에서 성도 개인과 교회 공동체가 진지하게 생각해 봐야 하는 문제입니다. 부당하고 불법적인 권력의 횡포와 타인을 억압하는 권위는 사라져야겠지만, 정당한 절차를 거쳐 위임된 권위마저도 불순종하며 자신이 하고 싶은 대로 행동하는 것 역시 자유가 아니라 방종일 뿐입니다. 그것 역시 또 다른 형태의 '교만'임을 잊어서는 안 됩니다.

본문은 계속해서 교회 내의 성도들이 서로를 향해 겸손의 옷을 입고 대할 것을 권합니다.[18] 타인을 대할 때의 기본적 태도에 관한 것입니다. 다시 말해 성경은 서로를 차별하거나 상대방을 비하(卑下)하지 말고, 상대방의 조건과 상황에 따라 다르게 대하지 말고, 모두에게 서로 존중하고 평등하게 대하라고 말하고 있습니다. 이는 신분과 능력에 따라 사람을 등급으로 나누고 차별하는 것이 당연시되던 로마 제국의 시스템 속에서 매우 놀랍고 급진적인(radical) 가르침이었습니다. 또 이것은 교회가 당시의 세상, 즉 로마 제국에게 보여 주고자 했던 하나님 나라의 모습이기도 했습니다.

본문에서 말하고 있는 겸손의 의미를 좀 더 구체적으로 알게 해 주는 내용이 참고 본문인 빌립보서 2장에 있습니다. 빌립보서 2장은 당시 초기 교회의 유명한 그리스도에 대한 찬가(신앙고백) 가운데 하나입니다. 여기에 겸손에 대한 중요한 설명이 나오는데 '나보다 남을 낮게 여기는 것'(빌 2:3)입니다.

성경에서 말하는 겸손은 동양적 관점에서 자신의 체면을 고려해, 또는 자신의 가치를 더 높이기 위해 사람들 앞에서 자신을 짐짓 낮추는 '겸양'과 전혀 다른 개념입니다. 오히려 성경은 상대방을 정말 귀한 존재로 인식하고 그를 대우하는 것이 겸손

---

18 한글 개역개정 성경에는 "서로 겸손으로 허리를 동이라"(벧전 5:5)고 표현합니다.

의 본질임을 강조합니다. 특히 권력(힘)이 있음에도 그것을 과시하지 않고 자신의 힘을 공동체 내부의 '젊은(약한, 경륜이 어린)' 사람들을 섬기기 위해 사용하는 것이 중요함을 역설합니다. 바로 왕이시자 하나님의 본체이신 그리스도께서 그렇게 하셨기 때문입니다.

> 여러분 안에 이 마음을 품으십시오. 그것은 곧 그리스도 예수의 마음이기도 합니다. 그는 하나님의 모습을 지니셨으나, 하나님과 동등함을 당연하게 생각하지 않으시고, 오히려 자기를 비워서 종의 모습을 취하시고, 사람과 같이 되셨습니다. 그는 사람의 모양으로 나타나셔서, 자기를 낮추시고, 죽기까지 순종하셨으니, 곧 십자가에 죽기까지 하셨습니다 _빌 2:5-8, 새번역

베드로전서 본문에서 말하고 있는 교회 공동체가 서로를 향해 보여야 하는 '겸손한 모습'은 당연히 교회의 머리 되시는 예수 그리스도께서 친히 보여 주신 겸손의 모습과 동일합니다. 교회는 그리스도를 믿고 따르는 사람들의 모임이기 때문입니다. 그런 의미에서 칠주선의 첫머리에 언급된 '겸손'은 교회의 자기 정체성을 가장 분명하게 드러내는 가치입니다. 당시의 로마 제국에서는 이러한 '권력자'와 '권력'을 찾아보기 어려웠습니다. 그만큼 특별한 것이기 때문입니다.

더 나아가 빌립보서 2장은 그리스도께서 보여 주신 겸손의 구체적이고 실천적인 의미가 무엇인지도 정확하게 설명하고 있습니다.

> 무슨 일을 하든지, 경쟁심이나 허영으로 하지 말고, 겸손한 마음으로 하고, 자기보다 서로 남을 낮게 여기십시오. 또한 여러분은 자기 일만 돌보지 말고, 서로 다른 사람들의 일도 돌보아 주십시오 _빌 2:3-4, 새번역

현대인들을 포함해 세상의 시스템 속에서 살아왔고, 또 지금 살아가고 있는 모든 사람들은 '경쟁'과 '투쟁'에 익숙합니다. 내가 살아남아야 하기 때문에, 그리고 내가 남보다 더 잘되고 더 많은 것을 누려야 하기 때문에 타인은 나의 경쟁과 투쟁의 대상이고 이겨서 물리쳐야 하는 적입니다. 그것이 당연하다고 배웠고, 또 그렇게 스스로도 동의합니다.

그러나 예수 그리스도를 통해 선언되고 성취된 하나님 나라(천국)는 그런 세계와는 전혀 다른 곳입니다. 이제 더 이상 내 이웃, 즉 지체와 동료는 경쟁과 투쟁의 대상이나 내가 싸워 무찔러야 할 적이 아니라 서로 사랑하고 존귀하게 여기고 돌아보며 보호해 주는 존재입니다. 그리고 하나님 나라는 그런 이웃과 함께 살아가는 세상입니다.

더 이상 죄로 말미암아 어그러진 불의한 세상의 권력과 그 시스템에 억압당하며 고통당하지 않고, 예수 그리스도 안에서 참된 해방과 자유를 누리는 곳이 바로 하나님 나라입니다.[19] 이런 세상을 회복하고 완성시키기 위해 예수님께서는 십자가 사역(정확하게는 십자가에서의 예수님의 희생과 중보로 말미암은 하나님과의 새 언약 성취)을 감당하셨고 이루셨습니다. 이것을 신학에서는 '복음'(Good News)이라고 합니다. 이러한 하나님 나라의 모습을 보여 주는 곳이 교회입니다. 베드로전서 본문에서는 로마 제국의 변화에 따라 찾아온 고난과 핍박 속에서도 굴하지 않고 교회의 지도자들도, 교회의 구성원들도 세상과는 전혀 다른 기준으로 서로를 대할 것을 말하고 있습니다.

저는 이것이 칠주선에서 '교만'의 반대편에 '겸손'을 둔 이유라고 생각합니다. 교회는 이것을 통해 세상과는 전혀 다른 교회만의 정체성을 확고히 할 수 있기 때문입니다. 또한 이렇게 초기 교회가 '겸손'의 가치를 통해 지향했던 하나님 나라 공동체의 기반은 신분과 인종에 따른 차별과 권력에 따른 계급의 구분이 뚜렷했던 로마 제국 세계에 대한 대안(代案, alternative)임을 분명히 보여 줍니다. 이렇듯 교회는 그 시작부터가 세상과 같지 않았습니다.

---

19 이는 신약 성경뿐만 아니라 구약 성경, 특히 토라(오경)와 예언서에서 수도 없이 강조된 내용이기도 합니다. 특히 이사야서에서 '임마누엘'을 통해 회복될 하나님 나라를 장엄하게 전망했습니다.

정리해 보면, 칠죄종 '교만'은 힘(권력)에 취해 다른 이들을 억압하고 차별하는 것이며, 이것은 교회가 본래 지니고 있어야 할 '겸손'이 사라지게 되면 나타나는 부작용과 증거라 할 수 있습니다. 이것을 오늘 우리의 교회에, 그리고 나 자신의 삶에 잘 적용하고 점검해 볼 수 있기를 바랍니다. 이를 통해 내가, 그리고 내가 소속된 교회가 하나님 나라에 속해 있는지, 세상의 '제국' 시스템에 속해 있는지를 확인해 볼 수 있을 것입니다.

[좀 더 생각해 볼 질문들]

(1) 교회의 장로들(지도자들)이 교회 공동체를 섬기는 자세와 태도는 어떠해야 했습니까(벧전 5:2-3)?

(2) 장로들에게 지도를 받는 교회의 젊은 성도들이 가져야 할 태도는 어떠해야 했습니까(벧전 5:5-6)?

(3) 교회 공동체가 추구해야 할 '겸손'과 하나님께서 대적(심판)하시는 '교만'은 베드로전서 본문에서 구체적으로 어떤 것일지 생각해 보십시오.

(4) 빌립보서 2장이 설명하고 있는 예수님의 '겸손'은 구체적으로 무엇을 말하는 것일지 생각해 보십시오(빌 2:1-4).

(5) 본문과 참고 분문을 통해 나에게 적용할 수 있는 교훈과 실천적 과제는 무엇입니까?

7

칠죄종 2

인색

SEPTEM PECCATA CAPITALES

주요 본문: 고린도후서 9:1-15

성도를 섬기는 일에 대하여는 내가 너희에게 쓸 필요가 없나니 이는 내가 너희의 원함을 앎이라 내가 너희를 위하여 마게도냐인들에게 아가야에서는 일년 전부터 준비하였다는 것을 자랑하였는데 과연 너희의 열심이 퍽 많은 사람들을 분발하게 하였느니라 그런데 이 형제들을 보낸 것은 이 일에 너희를 위한 우리의 자랑이 헛되지 않고 내가 말한 것 같이 준비하게 하려 함이라 혹 마게도냐인들이 나와 함께 가서 너희가 준비하지 아니한 것을 보면 너희는 고사하고 우리가 이 믿던 것에 부끄러움을 당할까 두려워하노라 그러므로 내가 이 형제들로 먼저 너희에게 가서 너희가 전에 약속한 연보를 미리 준비하게 하도록 권면하는 것이 필요한 줄 생각하였노니 이렇게 준비하여야 참 연보답고 억지가 아니니라 이것이 곧 적게 심는 자는 적게 거두고 많이 심는 자는 많이 거둔다 하는 말이로다 각각 그 마음에 정한 대로 할 것이요 인색함으로나 억지로 하지 말지니 하나님은 즐겨 내는 자를 사랑하시느니라 하나님이 능히 모든 은혜를 너희에게 넘치게 하시나니 이는 너희로 모든 일에 항상 모든 것이 넉넉하여 모든 착한 일을 넘치게 하게 하려 하심이라 기록된바 그가 흩어 가난한 자들에게 주었으니 그의 의가 영원토록 있느니라 함과 같으니라 심는 자에게 씨와 먹을 양식을 주시는 이가 너희 심을 것을 주사 풍성하게 하시고 너희 의의 열매를 더하게 하시리니 너희가 모든 일에 넉넉하여 너그럽게 연보를 함은 그들이 우리로 말미암아 하나님께 감사하게 하는 것이라 이 봉사의 직무가 성도들의 부족한 것을 보충할 뿐 아니라 사람들이 하나님께 드리는 많은 감사로 말미암아 넘쳤느니라 이 직무로 증거를 삼아 너희가 그리스도의 복음을 진실히 믿고 복종하는 것과 그들과 모든 사람을 섬기는 너희의 후한 연보로 말미암아 하나님께 영광을 돌리고 또 그들이 너희를 위하여 간구하며 하나님이 너희에게 주신 지극한 은혜로 말미암아 너희를 사모하느니라 말할 수 없는 그의 은사로 말미암아 하나님께 감사하노라

참고 본문 ①: 신명기 15:7-11

네 하나님 여호와께서 네게 주신 땅 어느 성읍에서든지 가난한 형제가 너와 함께 거주하거든 그 가난한 형제에게 네 마음을 완악하게 하지 말며 네 손을 움켜 쥐지 말고 반드시 네 손을 그에게 펴서 그에게 필요한 대로 쓸 것을 넉넉히 꾸어 주라 삼가 너는 마음에 악한 생각을 품지 말라 곧 이르기를 일곱째 해 면제년이 가까이 왔다 하고 네 궁핍한 형제를 악한 눈으로 바라보며 아무것도 주지 아니하면 그가 너를 여호와께 호소하리니 그것이 네게 죄가 되리라 너는 반드시 그에게 줄 것이요, 줄 때에는 아끼는 마음을 품지 말 것이니라 이로 말미암아 네 하나님 여호와께서 네가 하는 모든 일과 네 손이 닿는 모든 일에 네게 복을 주시리라 땅에는 언제든지 가난한 자가 그치지 아니하겠으므로 내가 네게 명령하여 이르노니 너는 반드시 네 땅 안에 네 형제 중 곤란한 자와 궁핍한 자에게 네 손을 펼지니라

참고 본문 ②: 고린도후서 8:1-24

형제들아 하나님께서 마게도냐 교회들에게 주신 은혜를 우리가 너희에게 알리노니 환난의 많은 시련 가운데서 그들의 넘치는 기쁨과 극심한 가난이 그들의 풍성한 연보를 넘치도록 하게 하였느니라 내가 증언하노니 그들이 힘대로 할 뿐 아니라 힘에 지나도록 자원하여 이 은혜와 성도 섬기는 일에 참여함에 대하여 우리에게 간절히 구하니 우리가 바라던 것뿐 아니라 그들이 먼저 자신을 주께 드리고 또 하나님의 뜻을 따라 우리에게 주었도다 그러므로 우리가 디도를 권하여 그가 이미 너희 가운데서 시작하였은즉 이 은혜를 그대로 성취하게 하라 하였노라 오직 너희는 믿음과 말과 지식과 모든 간절함과 우리를 사랑하는 이 모든 일에 풍성한 것같이 이 은혜에도 풍성하게 할지니라 내가 명령으로 하는 말이 아니요 오직 다른 이들의 간절함을 가지고 너희의 사랑의 진실함을 증명하고자 함이로라 우리 주 예수 그리스도의 은혜를 너희가 알거니와 부요하신 이로서 너희를 위하여 가난하게 되심은 그의 가난함으로 말미암

아 너희를 부요하게 하려 하심이라 이 일에 관하여 나의 뜻을 알리노니 이 일은 너희에게 유익함이라 너희가 일 년 전에 행하기를 먼저 시작할 뿐 아니라 원하기도 하였은즉 이제는 하던 일을 성취할지니 마음에 원하던 것과 같이 완성하되 있는 대로 하라 할 마음만 있으면 있는 대로 받으실 터이요 없는 것은 받지 아니하시리라 이는 다른 사람들은 평안하게 하고 너희는 곤고하게 하려는 것이 아니요 균등하게 하려 함이니 이제 너희의 넉넉한 것으로 그들의 부족한 것을 보충함은 후에 그들의 넉넉한 것으로 너희의 부족한 것을 보충하여 균등하게 하려 함이라 기록된 것같이 많이 거둔 자도 남지 아니하였고 적게 거둔 자도 모자라지 아니하였느니라 너희를 위하여 같은 간절함을 디도의 마음에도 주시는 하나님께 감사하노니 그가 권함을 받고 더욱 간절함으로 자원하여 너희에게 나아갔고 또 그와 함께 그 형제를 보내었으니 이 사람은 복음으로써 모든 교회에서 칭찬을 받는 자요 이뿐 아니라 그는 동일한 주의 영광과 우리의 원을 나타내기 위하여 여러 교회의 택함을 받아 우리가 맡은 은혜의 일로 우리와 동행하는 자라 이것을 조심함은 우리가 맡은 이 거액의 연보에 대하여 아무도 우리를 비방하지 못하게 하려 함이니 이는 우리가 주 앞에서뿐 아니라 사람 앞에서도 선한 일에 조심하려 함이라 또 그들과 함께 우리의 한 형제를 보내었노니 우리는 그가 여러 가지 일에 간절한 것을 여러 번 확인하였거니와 이제 그가 너희를 크게 믿으므로 더욱 간절하니라 디도로 말하면 나의 동료요 너희를 위한 나의 동역자요 우리 형제들로 말하면 여러 교회의 사자들이요 그리스도의 영광이니라 그러므로 너희는 여러 교회 앞에서 너희의 사랑과 너희에 대한 우리 자랑의 증거를 그들에게 보이라

칠죄종 두 번째 항목
인색(吝嗇, Greed)

칠죄종 두 번째 항목은 '인색'입니다. 일반적으로는 '탐욕'으로 알려져 있는데, 번역하는 과정에서 빚어진 일종의 오해라 할 수 있습니다. '인색'에 해당하는 라틴어가 *Avaritia*인데, 영어권에서는 이를 greed로 번역했습니다. 그런데 greed를 한글로 번역할 때에는 '탐욕'이라는 의미로 주로 번역했기 때문에 칠죄종의 '인색'을 '탐욕'이라고 번역한 것입니다. 즉, '인색'이 '탐욕'으로 번역된 것은 라틴어-영어-한글로 번역하는 과정에서 각 언어들의 의미가 와전되어서 중역(重譯)된 결과입니다.

칠죄종 '인색'에 해당하는 라틴어 *Avaritia*는 본래 '자신의 소유에 대한 지나친 욕심으로 남에게 주는 것을 아까워하고 베풀지 않는 태도'를 의미합니다. 이는 우리말로 번역하면 인색에 해당합니다. 실제로도 칠죄종의 *Avaritia* 역시 그런 의미로 사용된 단어입니다. 반면에 '탐욕'(貪慾, 분에 넘치는데도 만족하지 않고 더 많은 것을 소유하고자 하는 욕망)은 나중에 살펴보게 될 칠죄종의 여섯 번째 항목에 해당합니다. 이 인색은 칠주선 가운데 '자선'(慈善, charity) 부재의 결과로 나타납니다.

이러한 '인색'의 이미지를 대중적으로 잘 보여 주는 유명한 작품이 '구두쇠 스크루지 영감' 이야기입니다. 실제로 이 이야기는 칠죄종 '인색'의 사회적 의미를 이해하는 데 도움이 될 수 있는 배경을 가지고 있으니 원작 소설을 정독해 보시는 것도 좋겠습니다.[20] 특히 나중에 스크루지가 회심(?)을 하게 된 후 자신의 고용인들에게 보이는 전향(轉向)적 태도는 칠주선에서 언급되는 '인색'의 반대 개념인 '자선'의 의미와도 유사하니 그 부분도 함께 잘 살펴보시면 좋겠습니다.

우리는 흔히 '인색'의 개념을 '자신의 것을 아까워하고 남에게 베풀지 않으려는 옹색한 마음'이라고 이해하는데, 물론 맞는 말입니다. 그러나 한 걸음 더 나아가 생각해 보면, 그러한 인색함이 항상 나타나지는 않습니다. 아무리 '스크루지' 같은 수전노 구두쇠라도 어떤 이들에게는 아낌없이 자신의 것을 주기도 합니다. 하지만 그 반대의 경우도 있습니다. 어떨 때 그럴까요? 네, 맞습니다. 사람은 보통 자신이 사랑하고 아끼는 대상에게는 후하게 베풀고 대가 없이 자신의 것을 나눕니다. 반대로 가치가

---

20 이 소설의 작가인 영국의 찰스 디킨스(Charles Dickens)는 구두쇠 스크루지 영감 이야기를 통해 당시 영국의 사회상, 즉 19세기 영국 산업화 시대의 그늘, 특히 노동자들의 열악한 상황을 소설에 녹여 냈고, 이들을 바라보는 자본가들의 시선과 태도를 비판했습니다. 노동자들의 인권을 인정하지 않고, 노동에 대한 대가를 지불하는 것을 끔찍하게 아까워했던 자본가들의 태도가 바로 '인색'이었습니다.

없다고 생각하거나 혐오하는 대상에게는 한 푼도 그냥 주지 않으려고 합니다.

이런 점에서 '인색'은 상대적인 것이고, 가치에 따른 판단의 결과입니다. 따라서 자신의 가치관과 기준을 점검해 보는 좋은 기준 중 하나가 될 수 있습니다. 내가 어떤 이들에게 '인색'하고 어떤 이들에게 '자선'을 베풀고 있는지 확인해 보십시오. 그것은 자신이 인색하게 대하는 대상이 자신이 혐오하거나 무가치한 존재이고, 자신이 자선을 베푸는 대상이 자신에게 소중하고 가치 있는 존재라는 의미를 갖고 있기 때문입니다. 또 그것이 곧 내가 가지고 있는 사회적 기준(잣대)이기도 합니다.

예를 들어, 거리에서 흔히 볼 수 있는 노숙자를 볼 때 사람들의 반응은 어떨까요? 어떤 이들은 그들을 사회에서 존재해서는 안 되는 불필요하고 더러운 오물처럼 생각할 수도 있고, 어떤 이들은 그들을 게으르고 무능한 사회적 실패자라고 생각할 수도 있습니다. 또 어떤 이들은 그들이 사회적 안전망의 부재 탓에 '두 번째 기회'를 얻을 수 없게 되었다며 자본주의의 비정함과 문제를 비판할 수도 있고, 어떤 이들은 그런 이들도 최소한의 인권(사람답게 살 수 있는 권리)을 누리고 더 나아가 다시 일어설 수 있도록 그들을 도와야 한다고 생각하며 실제로 이를 행동으로 옮기기도 합니다.

이와 같이 노숙자라는 존재에 반응하는 다양한 태도들은 결국 노숙자라는 존재에 대한 자기 자신의 사회적 이해와 해석의 반영입니다. 그런 의미에서 칠죄종 '인색'은 단순히 자신의 것을 아까워하고 남에게 베풀지 않으려는 옹색한 마음만을 이야기하지 않습니다. 그보다는 좀 더 사회적인 의미가 강합니다. 누군가에게 인색한 마음이 생기는 것은 구체적으로 그들에게 '자선'을 베풀어야 할 이유가 사라졌기 때문이고, 더 정확하게는 그들을 자신의 물질과 시간을 나눠야 할 대상으로 보지 않기 때문입니다.

그래서 칠죄종에 나타난 '인색'의 개념에 대해 성경, 특히 주요 본문인 고린도후서는 단순히 '인색한 것이 나쁘다'라는 원론적인 언급보다는 이러한 인색함이 교회 공동체에 나타나게 된 동기와 원인에 주목하고 설명하는 데 주력합니다. 그리고 더 나아가 그러한 문제점에 대한 교회 공동체적 해법(solution)[21]을 제시하고자 노력합니다. 이것은 단순한 개인적 윤리(성품) 문제가 아니라 당시의 사회적 상황이 반영된 문제에 대한 교회 공동체 전체의 문제였기 때문입니다.

---

21 이 해법이 바로 칠주선의 '자선'(慈善)입니다. 따라서 칠주선 '자선' 역시 개인의 선한 성품만을 의미하는 것이 아니라 교회 공동체적인 가치와 기준입니다.

고린도후서의 배경과 특징

고린도후서는 고린도전서와 함께 사도 바울의 저작으로 고린도 교회에게 보내는 서신 가운데 하나입니다. 두 서신은 긴밀하게 연결되어 있으며 학자들에 따라 고린도전서와 고린도후서 사이에 최소 두 편의 추가 서신이 더 있었다고 보는 경우도 있습니다. 이는 그만큼 바울이 고린도교회의 문제에 깊은 관심을 갖고 문제를 해결하고자 노력했음을 의미합니다.

고린도전서와 고린도후서의 배경이 되는 고린도교회는 신약 성경에 등장하는 초기 교회들 가운데서도 매우 독특한 교회입니다. 처음에는 교회 내에 매우 심각한 분열과 다툼이 있어서 사도 바울을 포함한 교회 지도자들의 근심과 걱정거리(고린도전서)였다가 나중에는 그러한 어려운 상황을 끝내 극복하고 처음의 바람직했던 교회의 모습을 극적으로 회복한 곳(고린도후서)이었기 때문입니다. 그리고 이 과정 전체를 기록한 서신들, 즉 고린도전후서 모두가 정경으로 채택되었습니다.

이렇게 고린도교회가 신앙의 굴곡을 심하게 겪게 된 이유에는 여러 가지가 있겠지만, 가장 큰 원인으로는 헬라(그리스) 남부에 자리 잡은 고린도(코린토스) 지역 특성에 있습니다. 고린도는 로마 제국 내에서 손꼽힐 정도로 중계 무역이 활발해서 풍요

로웠던 도시였고, 거기에 더해 주신인 아프로디테 여신을 비롯해 많은 신들을 섬기는 신전들의 이교적 종교 활동이 활발한 지역이었습니다. 고린도에 돈과 환락이 몰렸고, 그에 따라 문화와 종교, 경제 활동이 풍성했기 때문에 거기에 거주하는 고린도 사람들도 그 영향을 받을 수밖에 없었습니다. 물론 고린도 지역의 교회(성도들) 역시 그런 환경으로부터 자유로울 수 없었을 것입니다.

게다가 고린도교회의 성도들은 대부분 이방인이었기에 구약성경, 특히 토라(오경)에 대해서는 거의 알지 못했기 때문에 유대인 출신 성도들에 비해 성경(구약)과 하나님 나라에 대한 이해도가 더욱 낮을 수밖에 없었을 것입니다. 따라서 비록 사도 바울을 포함한 권위 있는 교회 지도자들에게 예수 그리스도의 복음과 하나님 나라에 대한 교육을 받았음에도 오랫동안 몸에 밴 이방인으로서의 삶의 방식을 쉽게 버릴 수 없었을 것입니다.

그래서 고린도교회는 잘못된 가르침이나 이교적 가치관에 미혹되기 쉬웠고, 그에 따른 부작용들이 교회 내에 많이 나타났습니다. 고린도전서에 나타난 온갖 문제들(은사에 대한 오해, 신분에 따른 교회 내의 차별과 갈등 등)은 대부분 그러한 고린도 지역 특유의 문화적 영향을 강하게 받은 것들이었습니다.

이러한 모습을 오늘의 한국 교회에서도 어렵지 않게 찾아볼 수 있습니다. 한국 교회에 복음이 전파된 것이 서구 사회에 비해 그렇게 오래지 않다 보니 한국의 오랜 토속적 종교 문화(무속 신앙, 기복 신앙)가 교회 내에 여전히 깊숙이 자리를 잡고 있습니다. 또한 외국에서 유입된 이단적 신학 사상(신사도 운동, 극단적 은사주의 등)들은 이런 기조를 더욱 부추겨서 주술적이고 무속적인 신앙 형태가 정통적이고 역사적인 교회의 신앙 고백 대신 교회 내에 버젓이 자리 잡고 있는 경우가 흔합니다. 심지어는 그것이 잘못이라는 것조차도 알지 못하는 교회들이 적지 않습니다.

게다가 급격한 산업화로 말미암은 금전 만능 주의가 교회 내에 깊숙이 뿌리를 내리고 있어 성공과 번영, 물질적 축복을 신앙의 상급으로 이해하는 사조가 교파와 교단을 막론하고 만연해 있는 것도 부인할 수 없는 사실입니다. 이러한 것들 때문에 교회 내에는 많은 문제가 나타났고, 그 결과 교파와 교단, 심지어는 한 교회 내에서도 여러 파벌들로 나뉘어 서로 다투고 대립하는 일도 흔합니다.

이러한 한국 교회에게 사도 바울이 고린도교회에 주었던 엄중한 훈계와 권면의 가치는 매우 크고 중요합니다. 고린도교회는 지금의 한국 교회처럼 여러 부정적 요소들로 말미암아 많은 어려움(갈등과 대립)을 겪었지만, 사도 바울의 가르침 앞에 결국 반성하고 순종하여 올바른 복음을 받아들이고 믿었던 과거의 모습을 회복해 낼 수 있었습니다. 이와 같이 한국 교회도 다시 하나님 말씀 앞으로 회심하고 돌아올 수 있기를 바랍니다.

고린도교회는 사도 바울이 보낸 첫 번째 편지(고린도전서) 이후 몇 차례의 추가 서신(고린도후서와 사도 바울이 고린도후서에서 언급한 별도의 편지들)과 인편(人便)의 왕복을 통해 회심과 자정(自淨)의 과정을 거쳐 다시 본래의 모습을 되찾을 수 있었습니다.[22] 물론 그 과정이 쉽지는 않았을 것입니다.

그리고 고린도후서 9장은 이렇게 자기 자리를 찾은 고린도교회를 향해 가난한 성도를 돕는 연보 사역을 다시 시작하라는 사도 바울의 권면이 주를 이루고 있습니다. 연보(捐補)란 '다른 이들을 돕기 위해 자발적으로 내어놓는 재물'을 의미합니다. 신약성경에서 이 연보는 주로 어려운 상황(흉년, 재난 등에 따른 재정적 어려움)에 놓인 교회를 돕기 위해 다른 지역의 교회들이 모아서 보내는 재정적 지원을 말합니다.[23]

그런데 고린도후서에서는 이 연보가 고린도교회 자신들이 잃어버렸던 교회다움을 회복하고 자신들 내에서 일어났던 문제점들을 극복한 실제적인 표징(表徵)으로 나타납니다. 왜냐하면 이 연보 자체가 초기 교회 공동체의 매우 중요한 가치 중 하나인 '자선'의 의미를 잘 드러내기 때문입니다. 사도 바울이 다

---

[22] 고린도전서에는 사도 바울이 사뭇 날카롭고 비판적으로 꾸짖는 어조가 많았는데, 고린도후서에는 격려와 위로의 어조가 많은 까닭이 여기에 있습니다.

[23] 이 연보는 구약 성경, 특히 토라에서 강조되는 십일조의 정신과 깊이 연결되어 있습니다. 하나님께서 이스라엘에게 명하신 십일조 규례의 핵심은 레위 지파를 제외한 나머지 열한 지파가 자신의 소득 중 일정 부분(십의 하나, 즉 10%)을 떼어 소득이 없는 이스라엘 내의 레위인, 고아, 과부, 나그네(외국인 노동자)들의 생계를 돕는 것이기 때문입니다. 십일조는 "네 이웃 사랑하기를 네 자신과 같이 사랑하라"(레 19:18)고 하신 하나님의 명령을 가장 적극적으로 드러내는 헌물이었으며, 이 정신은 그대로 신약의 연보(헌금)에 적용되었습니다.

시 자신의 자리로 돌아온 고린도교회에게 연보의 가치를 다시 금 강조하고 다른 교회들에게 본이 되라고 권면한 이유도 여기 에 있을 것입니다.

칠죄종 '인색'과 칠주선 '자선'의 의미

고린도교회가 분열과 다툼으로 서로를 증오하고 미워하기 시작 했을 때 나타났던 대표적 현상 중에 하나가 연보의 중지입니다. 왜 그랬을까요? 경제 상황이 악화되거나 환경적인 어려움이 생 겨서일까요? 그러나 다른 마게도냐(마케도니아, 즉 북부 헬라 지역) 교회들의 상황을 보면 단순히 경제적인 문제는 아니었던 것 같 습니다. 고린도교회보다 훨씬 가난하고 많은 어려움을 겪고 있 는 교회들(대표적으로 빌립보교회)이 오히려 다른 곳들보다 더 풍성 한 연보를 했습니다(고후 8:1-2).

마게도냐 지역 교회들의 경우를 보면, 그들은 생색만 낸 정 도가 아니라 자신들이 할 수 있는 것 이상의 연보를 했는데, 심 지어 바울을 포함한 사도들의 강압에 따른 것이 아니라 철저하 게 자신들의 자원과 열심의 결과였습니다(고후 8:3-5). 그리고 이 것이 바로 성경적 연보의 기본 정신이기도 합니다. 자원함과 기쁨으로, 자신들이 할 수 있는 최선의 것으로 어려운 이들을 돕는 것이 바로 그것입니다(고후 9:7-8). 또한 이것이 칠주선에서 말하는 '자선'의 정신이자 본질입니다.

자선은 시간과 물질이 남아서 하는 것이 아닙니다. 성경적 '자선'은 상황과 조건을 넘어서서 서로의 어려운 상황을 외면하지 않고 격려하기 위해 재정(물질)적 도움을 자발적으로 서로 나누는 것을 의미합니다. 그리고 이는 성도의 '진실한 사랑'을 증명하는 중요한 표징입니다(고후 8:8).

교회 내에서 이러한 사랑과 감사의 표현과 실천이 사라질 때, 그곳에는 자선이 사라지고 인색함이 나타납니다. 이것은 하나님의 은혜가 사라지고 상실되었을 때 나타나는 현상입니다. 이것이 바로 고린도교회가 겪었던 일의 근본적 원인이었습니다.

고린도후서 8장과 9장의 내용을 참고해 보면, 고린도교회의 성도들도 처음에는 다른 마게도냐의 교회들처럼 서로를 돕고 나누는 자선 활동(연보)에 기꺼이 참여했던 것으로 보입니다. 그랬던 그들에게 자선의 마음이 사라지고 서로를 돌보지 않고 자신의 것 베풀기를 아까워하는 인색한 마음이 들었습니다. 그 원인은 교회 공동체 내부에 나타났던 차별과 갈등, 그리고 그로 말미암은 원망과 다툼이었습니다(고전 1:10-11).

고린도교회의 분쟁 원인은 여러 가지였습니다. 종교적 파벌에 따른 대립(고전 1:12: 3:22), 간음과 음행의 죄가 드러났음에도 아무런 조치가 없는 상황(고전 5장), 성도들끼리의 분쟁과 소송(고전 6:1-11), 우상의 제물에 대한 논쟁(고전 8장), 은사에 대한 논쟁(고전 12장) 등 수많은 문제들이 고린도교회에 나타났고, 그로 말미암아 성도들은 사분오열되어 서로를 정죄하고 대립했습니다.

그중에서도 고린도교회의 가장 심각하고 본질적인 문제는 '서로를 향한 사랑이 식어 버린 것'이었습니다(고전 13:1-3 참조). 앞서 언급한 고린도교회 내부에서 일어났던 현실적인 여러 문제들은 결국 한 교회 내에서 지체라 고백하는 성도들 사이의 관계가 틀어지고, 그 결과 서로를 향했던 사랑(인애)의 마음이 차갑게 식어 버리며 서로에게 인색해진 결과들입니다.

그럼 왜 그토록 뜨거웠던 고린도교회 성도들의 마음이 차갑게 식어 버렸을까요? 여러 이유들이 있을 수 있겠지만 성찬에 관한 사도 바울의 권면 가운데서 중요한 실마리를 찾아볼 수 있습니다.

그렇지만 여러분이 분열되어 있으니, 여러분이 한자리에 모여서 먹어도, 그것은 주님의 만찬을 먹는 것이 아닙니다. 먹을 때에, 사람마다 제가끔 자기 저녁을 먼저 먹으므로, 어떤 사람은 배가 고프고, 어떤 사람은 술에 취합니다. 여러분에게 먹고 마실 집이 없습니까? 그렇지 않으면, 여러분이 하나님의 교회를 멸시하고, 가난한 사람들을 부끄럽게 하려는 것입니까? 내가 여러분에게 무슨 말을 해야 하겠습니까? 여러분을 칭찬해야 하겠습니까? 이 점에서는 칭찬할 수 없습니다 _고전 11:20-22, 새번역

사도 바울의 질책을 통해 유추해 볼 수 있는 당시 고린도교회의 상황은 성도들 사이에 나타난 차별, 특히 경제적 수준에 따른 차별입니다. 사도행전의 상황(행 4:32-37 참조)을 포함한 초기 교회 시대의 역사적 특징 가운데 하나가 부유했던 사람들이 오히려 적극적으로 자신의 재산을 나누며 가난한 이들을 차별하지 않고 서로 도우며 살았던 것입니다.

그런데 고린도교회에서는 오히려 교회 내부에 경제적 차이에 따른 그룹들이 생겼고, 부유한 이들이 가난한 이들을 돕기는커녕 그들을 멸시하고 차별하여 그들을 수치스럽게 만들었습니다. 사도 바울은 이런 상태로는 '주의 만찬'(성찬)을 나눌 수 없다고까지 질책했습니다.

고린도교회가 어느 날 갑자기 이러한 모습이 되지는 않았을 것입니다. 그보다는 서로 돕고 함께 사랑하며 살아가야 하는 하나님 나라에 대한 거부감과 그에 따른 반발심이 조금씩 그들의 마음을 갉아먹은 결과라고 할 수 있습니다. 물질의 풍요와 환락과 쾌락을 마음대로 누리며 살던 '옛 세상'이 눈에 잘 보이지도

않고 익숙하지도 않은 '하나님 나라'보다는 훨씬 낫다고 판단하고 다시 옛 세상의 기준으로 회귀하다 보니 교회 내에 존재하지 말아야 할 차별과 혐오가 나타난 것입니다.

이런 고린도교회가 매우 어리석다고 생각할 수 있지만, 이는 구약의 이스라엘 백성도 매우 흔하게 범했던 잘못입니다. 그들은 애굽의 노예 신분에서 구원받아 하나님의 백성이 되었을 때에도 애굽의 신인 금송아지를 만들어 섬겼고, 하나님께서 약속하신 땅으로 가면서도 자신들이 그곳에서 노예였음을 망각했는지 끊임없이 애굽에서의 풍족한 먹거리와 문화를 그리워하며 불평을 늘어놓았으며(민 11장), 심지어는 모세와 아론을 대적하여 반역도 시도했습니다(민 16장).

그뿐 아니라 가나안에 정착한 이후에도 끊임없이 가나안의 신들이 약속하는 풍요(바알)와 쾌락(아세라)의 유혹에 수도 없이 넘어가 하나님을 배신했고, 이스라엘의 왕들과 귀족, 그리고 제사장들은 하나님께서 사랑하며 돌보라고 하신 자신의 백성들을 탐욕스럽게 약탈했습니다. 물론 그 끝은 하나님의 준엄한 심판에 따른 이스라엘 왕조의 멸망이었습니다.

안타깝지만 이는 비단(非但) 이스라엘만의 문제는 아닙니다. 지금의 한국 교회 내에서도 성경이 말하고 있는 하나님 나라의 가치가 바르게 드러나고 있는지 생각해 보면 매우 우려스러운 상황입니다. 교회 내에도 여전히 학벌, 재산, 신분, 능력에 따른 차별적 대우가 판을 치기 때문입니다. 교회 내에서도 공공연하게 높은 신분과 부유한 환경을 부러워하고 그것을 얻는 것이 하나님의 축복이라고 말하고 있습니다.

이런데도 과연 한국 교회는 가난하고 낮은 신분의 사람들을, 사회적으로 약자와 소수자인 사람들을 무시하고 천대하지 않는다고 자신 있게 말할 수 있을까요? 아니라면 고린도교회의 문제는 바로 오늘의 한국 교회 문제이기도 합니다.

고린도교회가 연보를 중지하고 가난한 이들을 돕지 않게 된 것은 그들이 어느샌가 다시금 그리스도의 복음이 아닌 '옛 세상'의 기준과 가치를 따랐기 때문입니다. 그로 말미암아 고린도교회의 부유한 신자들은 교회 내의 가난하고 어려운 지체들을 사랑과 섬김의 대상이 아니라 자신보다 못한 열등한 존재로 보게 되었습니다. 그 결과 그들은 가난한 지체들을 자신의 물질과 시간을 나눌 수 있는 자신과 동등한 존재로 여기지 않게 되었습니다. 이것이 고린도교회가 '인색'해진 근본적 원인이라 할 수 있습니다.

고린도교회 성도들에게 나타난 인색함은 다른 이들(특히 자신보다 못하다고 생각하는)을 공존의 대상으로 여기지 않았을 때 나타난 중요한 현상입니다. 이런 인색함은 자기애(自己愛)의 극단적 모습이기도 하지만, 그보다는 자신보다 못하다고, 열등하다고 생각하는 타인에 대한 혐오가 표출된 것입니다.

이것이 칠죄종 '인색'에 대한 성경적 해석이자 진단입니다. 칠죄종에서 '인색'은 단순히 물질을 아까워하는 것만이 아니라 사람을 자신이 가지고 있는 물질만도 못하게 보고 하찮게 여기는 것입니다. 이런 의미에서 칠죄종 '인색'의 개념은 차별과 혐오의 문제와 깊이 맞닿아 있습니다.

이런 상황에서 사도 바울이 고린도교회에게 그동안 중지했던 가난한 지체들을 돕는 연보를 다시금 시작하라고 권면(고후 8장)하는 것은 자신들의 과거를 반성하고 본래의 교회 모습을 회복한 증거를 보이라는 의미입니다. 연보를 통한 자선의 실천이 그동안 굳어 있었던 고린도교회 성도들의 마음을 그리스도의 사랑으로 다시금 풍성해질 수 있도록 만들 것이기 때문입니다.

혐오와 차별이 인색함을 불러오듯이, 섬김과 환대에 기반한 자선은 인애(仁愛)를 회복하는 지름길입니다. 야고보서가 지적했듯이, 입으로만 말하는 사랑의 표현은 신앙에 아무런 도움이 되지 못하고 오히려 위선적인 신앙으로 전락할 가능성이 높습니다(약 2:14-17). 그래서 사도 바울은 고린도교회가 본래 모습으로 속히 돌아갈 수 있도록 지체들을 돕는 자선의 행위(연보)를 적극적으로 권장하고 있습니다.

어렵고 가난한 이들을 돕는 자선이 교회에게 중요한 또 하나의 이유가 있습니다. 일반적으로 사람들은 자선을 '적선'(積善, 자신에게 좋은 결과가 돌아올 것을 기대하며 적립하는 것)의 의미로 이해합니다. 내가 불쌍한 사람들에게 나의 것을 나눠 주면 그것이 결국 나와 내 가족에게 좋은 결과로 돌아올 것을 기대하며 베푸는 것입니다. 물론 조건 없이 베푸는 경우도 있겠지만, 자선의 행위를 통해 자신에게 돌아올 더 큰 행운과 복을 기대하는 것이 보다 일반적입니다.

그러나 성경적 개념의 선행(자선)은 대가(축복)를 기대하는 것이 아닙니다.[24] 성경적 개념의 자선(긍휼한 마음으로 베푸는 선)은 하나님의 의로우심의 본질이며 동시에 성도들이 가시적으로 드러내는 하나님의 의로우심의 실체입니다. 이런 자선 행위는 성도의 삶에 하나님의 의의 열매들이 지속적으로 풍성하게 나타나게 하는 원동력이 됩니다. 사도 바울은 분명하게 말합니다.

이것은 성경에 기록한바 "그가 가난한 사람들에게 아낌없이 뿌려 주셨으니, 그의 의가 영원히 있다" 한 것과 같습니다. 심는 사람에게 심을 씨와 먹을 양식을 공급하여 주시는 하나님께서, 여러분에게도 씨를 마련하여 주시고, 그것을 여러 갑절로 늘려 주시고, 여러분의 의의 열매를 증가시켜 주실 것입니다 _고후 9:9-10, 새번역

---

24 물론 고린도후서 본문에서도 자선을 행하는 이들에게 하나님께서 더 많은 것으로 풍성하게 채워 주실 것이라 약속합니다(고후 9:10). 그러나 그렇게 주어진 풍성한 복(물질)들은 선행에 대한 보상(reward)이 아니라 오히려 더 많은 나눔을 통해 더 많은 이들에게 도움을 주는 데 사용되는 '선순환'의 용도로 다시 사용된다는 점에서 단순한 축복이나 보상이 아닙니다(고후 9:10-11).

사도 바울은 하나님께서 가난한 이들에게 실제로 재물을 베푸시는 인애(仁愛, charity)[25]에 근거한 호의(kindness)가 곧 하나님의 의로우심이라고 말합니다(시 112:9의 인용). 다시 말해, 성경에서 말하는 참된 자선은 하나님의 의로우신 성품을 드러내는 행위이며 곧 그 자체로 하나님께 영광이 되는 것입니다(고후 9:13-14).

이는 매우 놀라운 말입니다. 왜냐하면 우리는 보통 '하나님께 돌리는 영광'이라는 말을 자신에게 임한 성공이나 축복을 주신 하나님께 감사한다는 의미의 관용어처럼 쓰고 있기 때문입니다. 각종 상을 수상하며, 놀라운 성공을 간증하며, 다른 사람과의 경쟁에서 승리한 후에 사람들 앞에서 하는 "이 영광을 하나님께 돌립니다!"라는 말에는 익숙하지만, 가난하고 고통받는 이들을 돕고 그들의 필요를 채우는 것이 하나님께 영광이며 하나님의 의로우심을 나타내는 것이라고는 대개 생각하지 않습니다. 그러나 성경은 분명 그렇게 말하고 있습니다.

하나님의 의로우심은 나 혼자 높은 자리에 올라가 모든 것을 독점하고 경쟁자들을 모두 무찌르고 이겨 낸 승리를 통해 나타나지 않습니다. 오히려 가나안의 우상들을 믿는 '이방인'들이 그것을 좋아합니다. 자신이 더 높은 자리에 올라 더 많은 것을 남들보다 누리고 싶어 하기 때문입니다.

---

25 이는 구약 성경에서 하나님의 사랑(인애)을 의미하는 히브리어 '헤세드'의 용례 가운데 하나로 하나님의 긍휼하심과 자비하심을 의미합니다.

그러나 하나님의 의로우심은 약한 자를 일으켜 세우고, 고통 당하는 자들을 돌아보며, 가난하고 헐벗은 이들이 인간다움을 잃어버리지 않도록 돕는 마음과 손길을 통해 드러납니다. 그것이 하나님께서 받으시는 영광이 됩니다. 칠주선에서 말하는 성경적 '자선'의 의미는 그래서 단순한 개인의 윤리가 아니라 교회 공동체에게 중요한 가치가 되는 것입니다.

또한 구약 성경은 가진 것이 없어 도움 없이는 생계가 곤란한 레위인, 고아, 과부, 나그네 등을 돕는 데 쓰이는 십일조를 의무로 명시합니다. 이처럼 사도 바울도 고린도교회를 포함한 신약 시대의 교회들에게 가난하고 어려운 상황에 있는 지체들과 이웃을 물질적으로 돕는 자선(연보) 역시 '봉사의 직무', 즉 성도의 의무라고 말합니다(고후 9:3-5 참조). 이는 개인의 어려움을 공동체가 함께 나누어 책임진다는 의미이기도 합니다.

이렇게 의무에 가까운, 서로를 돌보는 자선은 교회가 유대인 사회로부터 추방당하고(주후 90년 이후) 로마 제국에게 본격적으로 핍박을 받던 힘든 시기(주후 2세기 이후)에 더욱 빛을 발했습니다.[26] 그때는 정치적으로 탄압받았을 뿐만 아니라 경제적으로도 매우 힘든 시기였기 때문입니다. 그런 어려움은 개인이 이겨 내

---

[26] 물론 주후 1세기에도 네로 황제 때와 같은 시기에 그리스도인들에게 가해진 핍박이 있었으나 단편적이었고, 일반적으로 70년 예루살렘 멸망 때까지는 그리스도인들이 대대적으로 혹은 조직적으로 로마제국으로부터 받은 핍박은 거의 없었습니다. 사도행전을 봐도 바울을 비롯한 사도들과 지도자들이 로마 제국과 갈등을 일으키지 않으려고 주의하고 또 그들로부터 여러 편의를 제공받은 것에서도 이를 알 수 있습니다.

기에는 매우 어려운 문제들이었습니다.

그럴 때 교회 공동체는 서로를 더욱 돌아보며 보호했습니다. 이후 로마 제국의 박해와 핍박이 더욱 심해져 성도들의 순교가 잇따르던 시대에도 순교당한 성도들의 남은 가족들과 아이들을 살아남은 교회 공동체가 함께 돌보는 수고를 아끼지 않았습니다. 또한 자신들과 비슷한 상황에 처한 가난한 이들을 거절하지 않고 함께 돌아보았습니다. 그런 공동체적 돌봄 없이 이기적으로 자신만 살겠다고 뿔뿔이 흩어졌다면, 아마 교회는 존속하기 매우 어려웠을 것입니다.

그런 의미에서 성도들이 대가를 바라지 않으면서도 서로를 귀하게 여기고 돌보는 자선의 마음과 행동을 자신의 의무이자 당연한 삶의 양식(樣式)으로 여긴다면, 그리고 그것이 교회에 자리를 잡게 된다면, 교회에서 구성원들 서로가 상대방을 자신과 동등한 귀하고 가치 있는 존재로 바라보게 될 것이고, 어려운 상황에 있는 지체들을 돕는 것을 마땅히 여기며 살게 될 것입니다. 그렇게 서로 돕고 도움을 받으며 서로를 긍휼히 여기며 사랑하라는 우리 주 예수 그리스도의 말씀의 진의(眞意)를 체감하게 될 것입니다.

또한 이렇게 기꺼이 서로 돕는 행동을 통해 하나님 나라의 복음이 우리의 삶에 실체화될 것이며(고후 9:12-14), 교회는 사람을 물질보다 하찮은 존재로 여기는 '인색'한 이 세계 속에서 하나님의 의로우심을 드러내고 하나님께 영광을 돌리는 곳이 될 수 있을 것입니다. 그러한 교회를 하나님께서 기뻐하실 것입니다.

현대 사회에는 물질 만능 주의가 팽배합니다. 그러다 보니 사람을 물질로 치환하여 '급'을 매기는 것에 익숙하고, 그 결과 가난하고 힘없는 사람들을 사람으로 여기지 않는 것에도 익숙합니다. 이런 시대 상황에서 교회가 보이는 참된 자선은 이 세상의 가치와는 전혀 다른 하나님 나라의 가치와 그 진가(眞價)를 드러낼 수 있는 중요한 특징이 될 것입니다.

[좀 더 생각해 볼 질문들]

(1) 어려운 지체를 돕는 연보(헌금)는 어떤 기준에 따라 해야 합니까(고후 9:7)?

(2) 본문이 말하고 있는 '선행'(자선)과 그 반대편 개념인 '인색'은 구체적으로 어떤 의미를 담고 있는지 생각해 보십시오(고후 9:6-11 참조).

(3) 성도의 자선(연보)은 결국 무엇을 드러내기 위함입니까(고후 9:9-10)?

(4) 하나님께서는 성도의 어떤 행동을 통해 영광을 받으십니까? 그리고 그 이유는 무엇일지 생각해 보십시오(고후 9:13-14 참조).

(4) 본문과 참고 분문을 통해 나에게 적용할 수 있는 교훈과 실천적 과제는 무엇입니까?

7

칠죄종 3

질투

주요 본문: 야고보서 3:13-18

너희 중에 지혜와 총명이 있는 자가 누구냐 그는 선행으로 말미암아 지혜의 온유함으로 그 행함을 보일지니라 그러나 너희 마음속에 독한 시기와 다툼이 있으면 자랑하지 말라 진리를 거슬러 거짓말하지 말라 이러한 지혜는 위로부터 내려온 것이 아니요 땅 위의 것이요 정욕의 것이요 귀신의 것이니 시기와 다툼이 있는 곳에는 혼란과 모든 악한 일이 있음이라 오직 위로부터 난 지혜는 첫째 성결하고 다음에 화평하고 관용하고 양순하며 긍휼과 선한 열매가 가득하고 편견과 거짓이 없나니 화평하게 하는 자들은 화평으로 심어 의의 열매를 거두느니라

참고 본문 ①: 야고보서 2:1-26

내 형제들아 영광의 주 곧 우리 주 예수 그리스도에 대한 믿음을 너희가 가졌으니 사람을 차별하여 대하지 말라 만일 너희 회당에 금가락지를 끼고 아름다운 옷을 입은 사람이 들어오고 또 남루한 옷을 입은 가난한 사람이 들어올 때에 너희가 아름다운 옷을 입은 자를 눈여겨보고 말하되 여기 좋은 자리에 앉으소서 하고 또 가난한 자에게 말하되 너는 거기 서 있든지 내 발등상 아래에 앉으라 하면 너희끼리 서로 차별하며 악한 생각으로 판단하는 자가 되는 것이 아니냐 내 사랑하는 형제들아 들을지어다 하나님이 세상에서 가난한 자를 택하사 믿음에 부요하게 하시고 또 자기를 사랑하는 자들에게 약속하신 나라를 상속으로 받게 하지 아니하셨느냐 너희는 도리어 가난한 자를 업신여겼도다 부자는 너희를 억압하며 법정으로 끌고 가지 아니하느냐 그들은 너희에게 대하여 일컫는바 그 아름다운 이름을 비방하지 아니하느냐 너희가 만일 성경에 기록된 대로 네 이웃 사랑하기를 네 몸과 같이 하라 하신 최고의 법을 지키면 잘하는 것이거니와 만일 너희가 사람을 차별하여 대하면 죄를 짓는 것이니 율법이 너희를 범법자로 정죄하리라 누구든지 온 율법을 지키다가 그 하나를 범하면 모두 범한 자가 되나니 간음하지 말라 하신 이가 또한 살인하지 말라 하

셨은즉 네가 비록 간음하지 아니하여도 살인하면 율법을 범한 자가 되느니라 너희는 자유의 율법대로 심판받을 자처럼 말도 하고 행하기도 하라 긍휼을 행하지 아니하는 자에게는 긍휼 없는 심판이 있으리라 긍휼은 심판을 이기고 자랑하느니라 내 형제들아 만일 사람이 믿음이 있노라 하고 행함이 없으면 무슨 유익이 있으리요 그 믿음이 능히 자기를 구원하겠느냐 만일 형제나 자매가 헐벗고 일용할 양식이 없는데 너희 중에 누구든지 그에게 이르되 평안히 가라, 덥게 하라, 배부르게 하라 하며 그 몸에 쓸 것을 주지 아니하면 무슨 유익이 있으리요 이와 같이 행함이 없는 믿음은 그 자체가 죽은 것이라 어떤 사람은 말하기를 너는 믿음이 있고 나는 행함이 있으니 행함이 없는 네 믿음을 내게 보이라 나는 행함으로 내 믿음을 네게 보이리라 하리라 네가 하나님은 한 분이신 줄을 믿느냐 잘하는도다 귀신들도 믿고 떠느니라 아아 허탄한 사람아 행함이 없는 믿음이 헛것인 줄을 알고자 하느냐 우리 조상 아브라함이 그 아들 이삭을 제단에 바칠 때에 행함으로 의롭다 하심을 받은 것이 아니냐 네가 보거니와 믿음이 그의 행함과 함께 일하고 행함으로 믿음이 온전하게 되었느니라 이에 성경에 이른바 아브라함이 하나님을 믿으니 이것을 의로 여기셨다는 말씀이 이루어졌고 그는 하나님의 벗이라 칭함을 받았나니 이로 보건대 사람이 행함으로 의롭다 하심을 받고 믿음으로만은 아니니라 또 이와 같이 기생 라합이 사자들을 접대하여 다른 길로 나가게 할 때에 행함으로 의롭다 하심을 받은 것이 아니냐 영혼 없는 몸이 죽은 것같이 행함이 없는 믿음은 죽은 것이니라

참고 본문 ②: 야고보서 4:1-17

너희 중에 싸움이 어디로부터 다툼이 어디로부터 나느냐 너희 지체 중에서 싸우는 정욕으로부터 나는 것이 아니냐 너희는 욕심을 내어도 얻지 못하여 살인하며 시기하여도 능히 취하지 못하므로 다투고 싸우는도다 너희가 얻지 못함은 구하지 아니하기 때문이요 구하여도 받지 못함은 정욕으로 쓰려고 잘못 구하기 때문이라 간음한 여인들아 세상과 벗 된 것이 하나님과 원수 됨을 알지

못하느냐 그런즉 누구든지 세상과 벗이 되고자 하는 자는 스스로 하나님과 원수 되는 것이니라 너희는 하나님이 우리 속에 거하게 하신 성령이 시기하기까지 사모한다 하신 말씀을 헛된 줄로 생각하느냐 그러나 더욱 큰 은혜를 주시나니 그러므로 일렀으되 하나님이 교만한 자를 물리치시고 겸손한 자에게 은혜를 주신다 하였느니라 그런즉 너희는 하나님께 복종할지어다 마귀를 대적하라 그리하면 너희를 피하리라 하나님을 가까이하라 그리하면 너희를 가까이하시리라 죄인들아 손을 깨끗이 하라 두 마음을 품은 자들아 마음을 성결하게 하라 슬퍼하며 애통하며 울지어다 너희 웃음을 애통으로, 너희 즐거움을 근심으로 바꿀지어다 주 앞에서 낮추라 그리하면 주께서 너희를 높이시리라 형제들아 서로 비방하지 말라 형제를 비방하는 자나 형제를 판단하는 자는 곧 율법을 비방하고 율법을 판단하는 것이라 네가 만일 율법을 판단하면 율법의 준행자가 아니요 재판관이로다 입법자와 재판관은 오직 한 분이시니 능히 구원하기도 하시며 멸하기도 하시느니라 너는 누구이기에 이웃을 판단하느냐 들으라 너희 중에 말하기를 오늘이나 내일이나 우리가 어떤 도시에 가서 거기서 일 년을 머물며 장사하여 이익을 보리라 하는 자들아 내일 일을 너희가 알지 못하는도다 너희 생명이 무엇이냐 너희는 잠깐 보이다가 없어지는 안개니라 너희가 도리어 말하기를 주의 뜻이면 우리가 살기도 하고 이것이나 저것을 하리라 할 것이거늘 이제도 너희가 허탄한 자랑을 하니 그러한 자랑은 다 악한 것이라 그러므로 사람이 선을 행할 줄 알고도 행하지 아니하면 죄니라

칠죄종 세 번째 항목
질투(嫉妬, Envy)

칠죄종 세 번째 항목은 '질투'입니다. '질투'에 해당하는 라틴어는 *Invidia*입니다. 영어로는 envy로 주로 번역합니다. 한국에서는 보통 질투의 개념을 jealousy로 이해하는데, envy나 jealousy나 둘 다 '질투' 개념이 있습니다만, 한글로 번역할 때에는 조금 유의해야 합니다.

영어에서 jealousy는 '부러움'의 뉘앙스가 좀 더 강합니다. 상대방에 대한 강한 선망과 동경의 의미로 사용되는 경우도 많습니다. 그에 비해서 envy는 우리말의 '질투'에 가까운 의미가 좀 더 강합니다만 역시 부러움의 뉘앙스도 존재합니다.

반면에 한국에서 사용되는 '질투'는 크게 두 가지의 의미로 사용됩니다. 첫 번째는 '자신이 좋아하는 이성을 좋아하는 다른 사람을 향한 부정적 감정'입니다. 이는 한글로 '강샘'이라고 표현합니다. 연인들끼리 대화할 때 종종 "자기야, 지금 질투하는 거야?"라고 묻는데, 이때 언급되는 '질투'가 바로 그런 개념입니다.

두 번째는 '(자신에게는 없는 혹은 자신이 따라 하기 어려운) 타인의 장점에 대한 강렬한 원망과 증오의 감정'입니다. 비슷한 말로는 '시기'(猜忌)가 있습니다. 칠죄종에서 말하고 있는 '질투'는 두 번째 의미와 유사합니다. 따라서 칠죄종에서 '질투'는 원망하고 미워하는 대상이 있다는 것을 전제합니다. 특히 칠죄종이 기본적으로 교회 공동체를 위협하는 죄라는 점을 고려할 때, 칠죄종 '질투'는 같은 교회 공동체 내부의 지체들을 향한 부정적 감정을 말합니다.

이 '질투'는 칠주선 '친절'(親切, kindness) 부재의 결과입니다. 칠죄종 '질투'가 교회 내 공동체에 속한 지체들에게 나타나는 죄악인 것처럼 칠주선 '친절' 또한 기본적으로는 교회 공동체 내부의 지체, 즉 함께 신앙생활을 하고 있는 성도들 사이에서 나타나는 성향입니다. 이 '친절'은 앞서 살펴보았던 '자선'의 원형이 되는 '인애'(히브리어 헤세드)의 또 다른 형태이기도 합니다.[27]

어떤 때는 '강렬한 동경'(부러움)이 되기도 하고, 어떤 때는 '원망과 증오의 감정'(시기)이 되기도 하는 것이 바로 '질투'입니다. 당시 교회 내 구성원들 중에서도 일부는 교회 공동체가 보편적으로 가지고 있었던 '친절함'을 시기하고 증오했으며, 또 그와는 다른 무엇인가를 동경하고 부러워했습니다. 칠죄종 '질투'가 향

---

27 히브리어 '헤세드'의 용례 가운데 '친절'은 하나님께서 당신의 백성들에게 조건 없이 베푸시는 따뜻하고 진심 어린 환대와 호의를 의미합니다.

하는 원망과 증오의 대상은 분명 '친절'입니다. 그렇다면 반대로 '질투'가 향하는 강렬한 동경의 대상은 무엇이었을까요? 이에 대한 좀 더 자세한 이해는 당시(주후 1세기) 초기 교회 상황 속에서 생각해 봐야 합니다.

당시 로마 제국에는 많은 종교가 있었습니다. 대중적으로 유명한 종교들은 대개가 그렇듯이 사람들이 대부분 원하는 소망(부귀, 건강, 성공 등)을 이뤄 준다는 약속을 공언했습니다. 쉽게 말해, 신을 잘 섬기면(그 신이 기뻐하는 제물을 많이 바치면) 그 신이 자신이 원하는 것을 이뤄 준다는 것입니다. 이런 종교들은 사회의 체제에 적응하여 권력자들의 정당성을 지지하는 경우가 많았습니다.[28]

반면에, 로마 제국에게 나라와 땅을 빼앗기고 속국이나 식민지인으로 전락한 피지배인들과 로마 제국 내에 속해 있지만 과도한 세금 탓에 많은 고통을 겪던 소작농들과 같은 약자들은 종말론적 묵시(默示, revelation)사상[29]에 입각한 메시아 신앙을 외치던 종교에 관심을 가졌습니다.

---

28 로마 제국의 주류 종교들은 대부분 로마 황제가 신의 현현(顯現)이라고 인정했고, 그에게 충성하는 것이 신의 뜻을 따르는 길이고, 잘되는 길이라고 가르쳤습니다. 이 모습을 오늘날 주요 종교들의 주류 계파에서도 동일하게 볼 수 있습니다. 다만 '황제나 왕'이 '돈과 세속 권력'으로 바뀐 것뿐입니다. 세상에서 성공하는 길과 방법을 하나님의 뜻이라고 말하고, 세상 방법에 따라 성공하는 것을 하나님의 축복이라고 호도(糊塗)하는 것은 기독교 내에서도 쉽게 찾아볼 수 있습니다. 이는 물론 성경과 역사적이고 정통적인 교회의 가르침과는 반대됩니다.

29 종말론적 묵시 사상이란, 현 세상 체제의 문제점과 한계를 지적하고, 그 체제의 종말을 말하며 새로운 세상이 올 것이라고 믿는 사상을 말합니다. 당시(주후 1세기) 상황에 적용하자면, 로마 제국이 무너지고 그들의 압제로부터 자신들을 구원할 새로운 구세주(메시아)를 기다리는 것을 말합니다. 이는 특히 유대인들에게서 강하게 나타났습니다. 그러나 이 사상은 주후 70년 예루살렘의 멸망과 유대인들의 추방으로 말미암아 급격하게 사그라졌습니다.

유대인들도 마찬가지였습니다. 그들은 오랜 시간 동안 이방인들에게 땅과 재산을 빼앗기고 그들의 눈치를 보면서 살아야 했습니다. 그렇기에 자신들이 간절히 바라는 '메시아'가 와서 로마 제국을 물리치고 다시금 강력한 이스라엘 왕국을 건설하여 자신들의 땅과 재산을 회복하고 더 나아가 세상을 지배하기를 간절히 바랐습니다.

그래서 예수님께서 천국 복음을 전하시던 주후 1세기를 전후한 시대에는 자신이 '메시아'라고 말하며 군사적 봉기(蜂起)를 일으킨 유대인 출신 저항군 지도자들이 여럿 있었습니다. 그때마다 유대인들은 '이번에는 혹시나 …' 하고 기대를 가졌다가 그들이 실패하고 체포되어 사형을 당하면 실망하는 일을 반복했습니다.

그런 시기에 예수님께서 많은 기적, 특히 민중들을 향한 치유를 비롯한 기적들을 보이셨습니다. 대중들의 기대는 높아졌고, 예수님의 부활 사건 이후 사도들을 중심으로 하는 제자들의 적극적인 전도로 처음에는 유대인들이, 점차 이방인들도 예수를 메시아로 믿고 고백하며 '그리스도인'이 되고자 했고 교회에 합류했습니다. 이는 사도행전에 잘 기록되어 있습니다.

그러나 시간이 흐르면서 자신들이 기대한 만큼 예수님의 재림이 빨리 이뤄지지 않았습니다. 다시 말해 로마 제국이 끝장나고 메시아의 왕국이 세워질 것을 기대했지만 현실은 바뀌지 않았습니다. 오히려 교회를 핍박하려는 유대 사회와 로마 제국의 움직임이 점점 본격화되자 사람들은 교회에서 이탈하기 시작했습니다. 그리고 교회에 남은 사람들 중에서도 자신들이 기대했던 것과는 다른 양상에 자신들이 살던 예전의 세상 방식으로 돌아가고자 하는 이들이 점차 늘어났습니다. 그들은 그 세계 속에서 성공하고 부유한 삶을 쟁취한 이들을 '동경'(憧憬)하게 되었습니다. 마치 오늘날 강남의 대형 아파트, 고가의 고급 외제차 등을 소유하고 억대의 연봉을 받는 이들을 부러워(jealousy)하듯 말입니다.

그런 점에서 1세기 후반의 초기 교회는 우리가 생각한 것만큼 '성령이 불타는 교회'이거나 '구령(救靈)의 사명감에 불타는 성도'들만 가득한 곳이 아니었습니다. 사실 사람 사는 세상은 대부분 다 거기서 거기입니다. 사람의 본성과 욕망은 아담 이래로 특별히 바뀐 적이 없기 때문입니다.

이런 시대적 상황 속에서 교회 지도자들은 예수님이 어떤 분이신지, 예수님께서 전하신 복음은 무엇인지, 교회는 어떤 곳인지, 어떤 이들이 교회의 구성원(성도)인지, 교회의 구성원들은 어떻게 살아가야 하는지를 정리하여 각 지역의 교회들에게 알려 주기 시작했습니다. 그런 내용들이 담긴 서신들과 자료들이 모여 훗날 신약 성경이 되었습니다. 그 가운데 칠죄종 '질투'와 칠주선 '친절'에 대한 중요한 가르침이 있는 성경이 야고보서입니다.

성경 속으로
야고보서의 배경과 특징

야고보서의 형식과 내용은 잠언의 그것과 상당히 유사합니다. 그도 그럴 것이 야고보서는 잠언과 마찬가지로 구약의 지혜 전통에 기반한 실천적 신앙에 관한 교훈서이기 때문입니다. 그런 점에서 야고보서는 공히 신약의 잠언(箴言, proverb)이라 할 수 있습니다. 실제로 야고보서에는 구약의 지혜 문헌들과 거의 차이가 없는 내용들이 상당히 많습니다.

그러한 특성으로 말미암아 야고보서에는 바울 서신으로 대표되는 신약 성경의 상당수 서신서들, 특히 이방인을 대상으로 기록된 성경들에 비해 구약의 색채와 특성이 상당히 많이 나타납니다. 야고보서는 저자[30]도 구약의 신학과 사상에 익숙한 유대인이며, 일차 독자들 역시 '정통 유대인'들 출신의 성도들입니다(약 1:1).[31]

야고보서의 저자는 이스라엘의 정체성이라 할 수 있는 '열두 지파', 즉 정통성 있는 유대인 출신의 성도들에게, 당장은 로마 제국의 핍박 탓에 어쩔 수 없이 팔레스타인 본토가 아닌 제국의

---

30 야고보서의 저자는 전통적으로 예수님의 형제(동생)로 알려진 야고보로, 예수님의 12제자 이자 사도들인 세배대의 아들 야고보, 알패오의 아들 야고보와는 다른 사람입니다.

31 보통 신약 성경의 수신자들은 교회 혹은 성도인 경우가 많은데, 야고보서는 '열두 지파'라 는 매우 유대적인 신분의 사람들을 일차 수신 대상으로 하는 유일한 성경입니다.

여기저기에 흩어져 살고 있지만, 그래도 하나님의 언약 백성이자 하나님 나라의 진정한 왕(메시아)이신 예수 그리스도를 믿는 성도로 부끄러움이 없이 살아갈 것을 권면합니다.

야고보서는 그 형식과 특성에 걸맞게 지혜 문학의 문예적 표현들을 적절하게 사용합니다. 히브리 문학의 일반적 특징인 대조(對照), 비교(比較), 강조(强調) 등의 수사(修辭, rhetoric)적 방법은 물론, 성경의 지혜 문학에 중요하게 등장하는 '지혜'와 '어리석음', 또한 '악인'과 '의인'의 비교도 익숙하게 사용합니다.

야고보서 3장에서는 하나님에게서(위에서) 온 하나님 나라의 지혜와 그에 대비되는 이 땅(세상) 가치들의 차이를 비교하며 하나님 나라의 '지혜'를 지키며 사는 사람(성도)의 삶의 태도와 모습을 통해 나타나는 결과들을 서술하고 있습니다. 이 가운데 야고보서의 그 유명한 "행함이 없는 믿음은 죽은 믿음"(약 2:17, 26)이라는 주제는 단순히 믿음과 행함(행위)에 관한 비교나 평가가 아니라 올바른 성도(본문에서는 유대계 그리스도인들)가 마땅히 지켜야 할 하나님 나라 백성의 태도(가치관)에 관한 중요한 내용과 연결되어 있습니다.

그럼에도 야고보서가 구약의 지혜 문헌들과 다른 점은 '서신'의 형태를 띠고 있다는 것입니다.[32] 그 편지의 목적도 단순히

---

32 신약 성경의 서신서들은 일차적으로 수신자(受信者)가 있지만, 실은 모든 지역의 교회와 성도들이 볼 수 있는 일종의 회람 서신입니다. 즉, 형태는 편지이지만 실제로는 누구나 볼 수 있도록 의도하고 작성된 형식의 기록물이라 할 수 있습니다.

좋은 교훈(잠언)만을 전달하고자 함이 아니라 매우 엄중히 질책하고 권면하고자 함이라는 것도 구약 지혜 문헌과의 차이점입니다.

야고보서를 기록한 목적은 무엇일까요? 물론 여러 이유가 있겠지만 야고보서를 정독해 보면 저자의 의도를 어렵지 않게 찾을 수 있습니다. 그것을 간단하게 요약할 수 있습니다.

당신들(유대인들)은 하나님께서 본래 유대인에게 주신 하나님의 지혜의 본질을 버리고 세상과 타협하여 올바른 믿음의 결과인 삶의 열매를 상실했다. 그러니 빨리 거기서 돌이켜 행함이 있는 믿음을 회복하라.

정통 유대인이라면, 누구나 마땅히 토라(오경)에 근거한 하나님의 뜻과 기준(구약의 표현으로는 율례와 법도)을 따라야 했습니다. 그것은 하나님의 의로움(히브리어로 체다카), 공평함(히브리어로 미쉬파트), 인애함(히브리어로 헤세드), 진실함(히브리어로 에메트)에 기초한 규정들입니다. 이러한 토라 규정을 지키고 따르는 것은 자신들이 하나님의 언약 백성임을 드러내는 증거이기도 했습니다.

그런데 야고보서는 당대의 유대인들 중 상당수가 하나님의 말씀을 알고는 있지만 그 말씀 본래 뜻에 합당하게 순종하고 실천하지 않는다고 질책합니다(약 1:22-25 참조). 그리고 입만 살아 있는 경건이 아닌 진실로 하나님께서 기뻐하시는 경건을 회복하는 것이 참다운 성도의 모습이라고 권면합니다(약 1:26~27).[33]

물론 당시 유대인들의 삶의 상황도 쉽지는 않았습니다. 특히 디아스포라(고향을 잃고 강제적으로 뿔뿔이 타지로 흩어진 유대인의 상황을 일컫는 용어)의 시간이 길어지면서[34] 점차 자신들의 정체성을 상실하거나 타협하며 눈앞의 현실에 순응하거나 자포자기하며 사는 유대인들이 늘어갔습니다. 물론 소수의 신실한 유대인들은 그 속에서도 자신들의 신앙과 체제를 지키며 살고자 했으나 일반적으로는 식민지인의 상황 속에서 일단 자신과 가족들의 생존과 번영을 우선적으로 두는 이들이 늘어 갔습니다.

지속된 경제적 압박과 빈곤의 문제는 하나의 공동체를 이루던 '이스라엘'을 붕괴시켰고, 생존과 번영을 위해 점차 유대인들이 지녀야 할 하나님 나라 백성(선민)의 자격과 가치를 상실(포기)하게 했습니다(약 2장 참조). 이로 말미암아 유대인 공동체는 물론 주로 유대인들로 구성된 초기 교회 내부에서도 경제적 기준에 따른 차별과 갈등이 만연하게 되었습니다.

---

33 특히 야고보서 1:27은 '참된 경건'의 실체를 "고아와 과부를 그 환난 중에 돌보고", "자기를 지켜 세속에 물들지 아니하는 그것"이라고 말하는데, 도움 없이는 생계가 어려운 이들에게 자신의 재물을 나누며 돌보고 자신은 지나친 향락과 탐욕에 찌들지 않게 절제하는 삶은 토라(오경)에서 수도 없이 강조하고 있는, 하나님께서 당신의 백성에게 원하시는 삶의 대표적 모습입니다.

34 당시는 이스라엘이 멸망한 지 500여 년이 지난 시대였습니다. 다시 올 것이라고 약속된 메시아는 언제 오는지 기약이 없고 이방인 지배자들은 갈수록 강력한 제국으로 등장했습니다(바벨론 - 페르시아 - 헬라 - 로마). 오랜 시간 동안 지배를 당하며 유대인들의 경제적인 상황은 피폐해졌고 자신들의 정신과 기준을 지키고 살아간다는 것은 정말 쉽지 않았습니다.

그럼에도 야고보서는 예수 그리스도를 믿고 교회 공동체를 이룬 유대인 성도들에게 예수님께서 주셨던 천국(하나님 나라)의 가치와 그 천국을 살아가야 할 백성으로서의 가치를 다시금 상기시킵니다. 이는 초기 교회가 구약의 이스라엘 때부터 하나님께 받은 하나님 나라의 언약과 그 언약 백성의 정체성을 이어받고 더 나아가 이를 확장한 공동체임을 보여 줍니다. 그런 의미에서 야고보서는 구약과 신약의 하나님 나라 공동체의 연속성을 보여 주는 중요한 성경입니다.

이 가운데 야고보서 본문(약 3:13-18)은 현실의 어려운 상황 속에서도 교회 공동체가 가져야 할 하나님의 지혜가 무엇인지를 설명합니다. 본래 구약의 지혜 문학에서 '지혜'(智慧, wisdom)란 하나님을 경외하는 '태도'이며, 하나님의 뜻을 따라 살아가는 삶의 '방향'을 가리키는 용어입니다. 야고보서는 이것을 예수 그리스도를 믿는 성도들이 가져야 할 중요한 삶의 기준과 교회의 정체성으로 확장하여 설명하고 있습니다. 그리고 이 내용은 칠죄종 세 번째 항목인 '질투'와 이에 대응하는 칠주선 '친절'의 의미와 가치를 잘 보여 줍니다.

칠죄종 '질투'와 칠주선 '친절'의 의미

흔히 야고보서는 행함과 믿음 사이의 논쟁이 있는 서신서로 알려져 있습니다. 그러나 야고보서의 핵심 주제는 그런 것과 거의 상관이 없습니다. 신학적으로도 야고보서가 로마서의 대척점에 있는 것도 아닙니다.[35] 왜냐하면 두 성경 모두 믿음과 삶은 따로 분리할 수 없는 불가분(不可分)의 것임을 말하기 때문입니다(롬 12장; 약 2장 참조).

대신 야고보서 전반에서 강조되는 주제는 첫째, (같은 성도끼리) 서로 비방하고 다투지 말라, 둘째, 탐욕스럽게 살지 말고 서로 돌아보며 어려움에 처한 지체들을 돌보라는 것입니다. 이 두 가지 주제가 자연스럽게 '행함이 없는 믿음은 죽은 믿음이다'라는 유명한 말씀으로 귀결됩니다. 따라서 야고보서에서 '행함'이란 구원을 얻기 위한 조건 같은 개념(소위 행위 구원)이 아니라 이미 그리스도를 믿어 구원받은 성도가 보여야 할 믿음의 증거(표징)라고 할 수 있습니다.

이런 야고보서의 서술 방향을 고려할 때 당시(1세기 중반, 즉 교회가 형성되던 초기 시대)의 유대인 성도들에게 있던 심각한 문제를

---

35 어떤 이들이 로마서는 믿음을, 야고보서는 행함을 강조한다고 말하는데, 실제로 로마서는 유대인과 이방인으로 갈라져서 다투는 로마 교회에게 사도 바울이 질책과 권면을 하는 목회 서신이고, 야고보서는 올바른 하나님 백성의 모습과 정신을 잃어버리고 세속화되어 버린(특히 경제적인 면에서) 유대계 그리스도인들에게 주는 교훈적 서신입니다.

짐작해 볼 수 있습니다. 그 문제는 교회의 모범이 되어야 할 이들[36]의 상당수가 서로를 향한 비방과 다툼, 그리고 부에 대한 탐욕과 이기적인 모습을 보이며 교회 내에서 각종 갈등과 대립의 원인을 제공했다는 것입니다.

특히 야고보서는 당시의 유대계 성도들이 겪고 있는 여러 가지 어려움(시험)의 주된 원인이 "자기 욕심에 끌려 미혹됨"이라고 진단하고(약 1:14), 이어서 "(그러한) 욕심이 잉태한즉 죄를 낳고 죄가 장성한즉 사망을 낳"는다고 경고합니다(약 1:15). 이것은 당시의 많은 유대인 성도들이 하나님 나라(천국)의 가치에 따라 살지 않고, 세상(로마 제국)의 사람들, 즉 예수님을 믿지 않던 사람들과 다를 바 없이 살고 있었음을 시사(示唆)합니다.

예수님을 이스라엘이 기다려 온 메시아(구세주)로 믿고 교회 공동체의 일원이 되긴 했지만, 그들 중 상당수가 아직 회심하지 않고 여전히 다수의 유대인들이 과거에 살아온 방식(생존과 번영)대로 살다 보니 교회 내에서 온갖 문제를 일으켰습니다. 그런데 이것은 오늘의 한국 교회 내에서도 동일하게 일어나고 있는 문제이기도 합니다. 입으로는 믿음을 말하지만 실제로는 세상 사람들과 똑같은 기준과 가치를 갖고 살며 교회 내에서 문제(다툼과 분열)를 일으키는 이들이 적지 않기 때문입니다.

---

36 이방인들이 복음을 받아들이고 계속해서 교회로 유입되던 상황에서 구약에 대한 기본적 이해가 있고 하나님 나라(천국)에 대한 지식도 풍부한 유대인들은, 그러한 부분에 대한 선이해가 없던 이방인 그리스도인들에게 신앙적 본이 되어야 했습니다. 실제로 사도들을 포함한 초기 교회의 유력한 지도자들은 대부분 유대인들이었습니다.

사도행전을 보면 성령의 역사로 세워진 초기 교회는 로마 제국의 사람들에게 놀라운 모습을 보여 주었습니다. 진실로 회심하여 그리스도인이 된 성도들이 누구나 자신의 것을 자신만의 것이라고 그 소유권을 주장하지 않고, 기꺼이 자신의 소유와 재산을 팔아 가난한 이들과 함께 나누기 시작한 것입니다(행 4:32-37 참조). 그리고 이러한 교회 공동체의 모습은 사도들을 통해 교회가 추구해야 할 긍정적 지향점과 표준으로 자리 잡게 되었습니다. 그래서 그 이후에 교회 공동체에 참여하게 된 많은 성도들은 사도들의 가르침에 따라 먼저 회심한 성도들의 모습을 닮고자 했습니다. 하지만 모두가 그런 것은 아니었습니다. 오히려 이런 기준을 거부하고 이러한 이들을 시기하던 이들도 있었습니다.

이들은 주로 세속적 부와 풍요를 추종했습니다. 사도행전에 나타난 초기 교회의 모습(가난한 자들을 위해 가진 것들을 나누고 이를 위해 기꺼이 자신의 것을 내어놓는)은 자신들의 기준(세속적 기준)에 도무지 맞지 않았기 때문입니다(약 5:1-6 참조). 특히 오랫동안 하나님의 백성이라고 자부하며 자신들이 교회의 주류임을 자부해 온 유대인들에게 그러한 모습들이 많이 나타났습니다.[37]

---

37 사도행전과 갈라디아서 등의 신약 성경에는 먼저 교회를 세운 유대인 성도들이 뒤이어 교회에 합류한 이방인 성도들에게 무리한 율법적 요구를 강요하고 그들을 무시하는 등 팃세(갑질)를 보인 정황들이 많이 나옵니다. 이는 자신들이 하나님의 율법과 메시아에 대한 일차적 수혜자이며 권리가 있는 사람들이라는 자부심과 이방인들에 대한 뿌리 깊은 혐오심이 그 주된 원인이었을 것입니다.

이러한 당시의 역사적 배경을 고려하면, 본문에서 말하고 있는 '지혜'의 구체적 내용과 그 의미가 보다 분명해집니다. 구약의 배경에서 '지혜'는 곧 하나님의 말씀인 토라(오경)를 바탕으로 합니다. 따라서 야고보서 본문에서 말하고 있는 '지혜'란 구약, 특히 토라에 나타나 있는 하나님의 율법(하나님의 성품과 뜻)을 말합니다. 유대인 성도들 역시 이 말뜻을 모를 리가 없었습니다. 그런데 야고보서는 그 유대인들에게 그러한 지혜가 사라지고 다른 것들이 그들의 삶을 지배하고 있다고 지적합니다.

> 여러분의 마음속에 지독한 시기심과 경쟁심이 있으면 자랑하지 말고, 진리를 거슬러 속이지 마십시오. 이러한 지혜는 위에서 내려온 것이 아니라, 땅에 속한 것이고, 육신에 속한 것이고, 악마에게 속한 것입니다. 시기심과 경쟁심이 있는 곳에는 혼란과 온갖 악한 행위가 있습니다 _약 3:14-16, 새번역

하나님의 지혜를 상실한 유대인들, 특히 로마 제국의 삶의 방식(돈과 권력)에 익숙해진 유대인 성도들에게 나타나는 현상이 바로 '시기'(질투)입니다. 왜냐하면 한정된 재화(財貨)를 더 많이 차지하기 위해서는 당연히 자신과 비슷한 상황에 놓인 사람들과 경쟁(투쟁)할 수밖에 없고, 그 과정에서 나에게는 없거나 나보다 더 나은 경쟁력을 가지고 있는 이들에 대한 시기(질투)가

생길 수밖에 없기 때문입니다.

이는 입으로는 성도라 하지만 실제로는 남보다 더 많은 것을 얻고 독점하고 싶어 하는 탐욕과 이기심의 포로가 되어 살고 있는 유대인들의 현실을 고발하는 것입니다. 야고보서 전반에서 이렇게 탐욕과 시기에 사로잡혀 사는 그들의 문제를 조목조목 짚고 있습니다.

무엇 때문에 여러분 가운데 싸움이나 분쟁이 일어납니까? 여러분의 지체들 안에서 싸우고 있는 육신의 욕심에서 생기는 것이 아닙니까? 여러분은 욕심을 부려도 얻지 못하면 살인을 하고, 탐내어도 가지지 못하면 다투고 싸웁니다. 여러분이 얻지 못하는 것은 구하지 않기 때문이요, 구하여도 얻지 못하는 것은 자기가 쾌락을 누리는 데에 쓰려고 잘못 구하기 때문입니다 _약 4:1-3, 새번역

부자들은 들으십시오. 여러분에게 닥쳐올 비참한 일들을 생각하고 울며 부르짖으십시오. 여러분의 재물은 썩고, 여러분의 옷들은 좀먹었습니다. 여러분의 금과 은은 녹이 슬었으니, 그 녹은 장차 여러분을 고발할 증거가 될 것이요, 불과 같이 여러분의 살을 먹을 것입니다. 여러분은 세상 마지막 날에도 재물을 쌓았습니다 _약 5:1-3, 새번역

야고보서는 유대인들이 이렇게 사는 이유가 '땅 위의 것, 정욕의 것, 귀신의 것'에 자신의 마음을 빼앗겼기 때문이고(약 3:15), 그 결과가 그들이 시기와 분쟁(다툼)을 일삼게 된 것이라고 말합니다(약 3:16). 남보다 더 많은 것을 가지고자 탐욕스러운 삶을 살게 되는 것은 하나님의 지혜가 아닌 세상(제국)의 지혜에 마음을 빼앗겼기 때문입니다.

이러한 유대인들은 초기 교회를 통해 세워진 하나님 나라 공동체의 모습(자신의 소유를 팔아 가난한 이들을 돕고 함께 살아가는)을 거부하고 그렇게 살고자 하는 이들을 시기(질투)하기에 이르렀습니다. 진정으로 회심하지 않은 이들은 자신이 온갖 노력을 기울여 모은 재물을 같은 사람이라고 생각지 않는 천민들과 가난한 이들에게 기꺼이 나눠 주려 하지 않았을 뿐만 아니라, 그와 같은 일을 하는 회심한 부자들(고넬료, 삭개오와 같은)을 미워하고 시기(질투)했습니다. 그로 말미암아 이들은 교회 내에서 분쟁과 다툼을 일삼게 되었습니다.

이들은 교회의 성도는커녕 정통 유대인도 될 수 없었습니다. 왜냐하면 진짜 유대인들이라면 하나님께서 원하시는 경건한 신앙의 모습과 실천이 자신들의 삶에 있어야 하기 때문입니다. 이에 대해 야고보서는 올바른 경건에 대한 구체적 내용을 밝히고 있습니다.

누가 스스로 경건하다고 생각하면서도, 혀를 다스리지 않고 자기 마음을 속이면, 이 사람의 신앙은 헛된 것입니다. 하나님 아버지께서 보시기에 깨끗하고 흠이 없는 경건은, 고난을 겪고 있는 고아들과 과부들을 돌보아 주며, 자기를 지켜서 세속에 물들지 않게 하는 것입니다 _약 1:26-27, 새번역

야고보서는 고아와 과부를 환난(어려움) 중에 돌보는 경건(믿음을 실천하는 삶)이야말로 하나님께서 원하시는 참 신앙의 모습임을 말하고 있고, 이는 참된 유대인들이라면 역시 잘 알고 있는 토라의 가르침이기도 합니다.[38] 그런데 상당수의 유대인 성도들이 고아와 과부를 긍휼히 여기고 돌보기는커녕 오히려 그들을 차별하고 무시하며 엉뚱한 이들에게 선망의 태도를 보입니다.

여러분이 화려한 옷차림을 한 사람에게는 특별한 호의를 보이면서 "여기 좋은 자리에 앉으십시오" 하고, 가난한 사람에게는 "당신은 거기 서 있든지, 내 발치에 앉든지 하오" 하고 말하면, 바로 여러분은 서로 차별을 하고, 나쁜 생각으로 남을 판단하는 사람이 된 것이 아니고 무엇이겠습니까? _약 2:3-4, 새번역

---

[38] 구약 성경에서 하나님은 레위인과 고아와 과부, 그리고 나그네(외국인)를 돌보라고 명령하시는데, 이들은 모두 보증인(후원자) 없이 자기 혼자서는 자신의 권리를 찾을 수 없는 약자들이자 자신의 개인적 소유를 주장할 수 없는 이들이기 때문입니다. 즉, 토라(오경)에 나타난 하나님의 뜻은 약자들도 함께 살아갈 수 있는 공동체가 하나님 나라라는 것입니다. 그리고 이것을 지탱하는 제도가 바로 십일조였으며, 이는 신약의 연보로 이어집니다.

힘 있는 부자들에게는 선망의 태도와 관심을 가지고 환대하면서, 가난하고 힘없는 이들에게는 멸시와 조소의 태도를 보이는 곳을 과연 교회라 할 수 있을까요? 또 세상의 이치에 익숙해져 자신들이 지키고 보전했어야 하는 하나님 나라의 기준(토라)들을 상실하고 시기(질투)와 탐욕에 찌든 '유대인들'이 과연 오늘의 교회 내에는 없을까요? 어쩌면 그때보다 더 심한 것은 아닐까요? 오늘의 한국 교회들이 깊이 숙고하고 자신을 돌아봐야 하는 부분입니다.

야고보서는 이처럼 잘못된 신앙의 모습을 보이는 유대인들을 한편으로는 엄하게 질책하면서, 한편으로는 그들에게 참 하나님의 백성인 교회가 보여야 할 마땅한 태도를 다시금 권면합니다. 이 내용은 당시의 유대인들이 보인 시기(질투)와 탐욕으로 말미암아 교회 내에 생긴 온갖 혼란과 문제들을 해결할 수 있는 대안이기도 했습니다. 그것은 바로 긍휼함(친절)입니다.

야고보서는 긍휼한 마음으로 재물을 서로 나누는 것이 '위로부터 온 (신령한) 지혜'이고, 그런 이들을 시기하고 분쟁을 일으키는 것은 '정욕과 귀신에 사로잡힌 (악한) 지혜'임을 분명히 구분합니다(약 3:13-16). 친절(긍휼)함이 땅(세상)의 지혜가 아니라 하늘(천국)의 지혜라고 말하고 있는 것입니다.

야고보서가 말하는 성경적 '친절함'(헤세드)이란 당시 로마 제국을 지배하던 돈과 권력의 질서에 따라 생기는 차별과 경쟁,

그리고 서로를 미워하는 시기(질투)를 거부하고, 서로를 동등한 지체로 대하고 서로의 처지를 불쌍히(긍휼히) 여기며, 가난하고 힘없는 이들을 교회 공동체로 대가 없이 받아들이고, 기꺼이 그들에게 자신의 것을 나누고 베푸는 마음과 행동을 의미합니다.

> 그러나 위에서 오는 지혜는 우선 순결하고, 다음으로 평화스럽고, 친절하고, 온순하고, 자비와 선한 열매가 풍성하고, 편견과 위선이 없습니다. 정의의 열매는 평화를 이루는 사람들이 평화를 위하여 그 씨를 뿌려서 거두어들이는 열매입니다 _약 3:17-18, 새번역

하나님의 성품 가운데 하나인 헤세드(인애)에는 여러 가지 의미가 내포되어 있는데, 그중 하나가 바로 칠주선 중 하나인 '친절'입니다. 이 친절이 단순히 상대방에게 호의적으로 대하는 성품이나 태도만을 말하지 않습니다.

그보다 칠주선 '친절'은 '시기'(질투)와 대치되는 개념으로, 상대방, 특히 자신보다 약한 이들과 특히 물질적으로 가난한 이들을 향해 긍휼한 마음을 갖는 것을 의미하고, 그로 말미암아 그들을 차별하거나 무시하는 것이 아니라 반대로 그들을 따뜻하게 맞이해 주고(환대), 그들을 돕기 위해 기꺼이 자신의 소유(물질과 시간) 일부를 나누는 마음을 말합니다. 동양에서 말하는 측은

지심(惻隱之心)과 유사한 개념입니다.

이 친절함은 당시(주후 1세기) 초기 교회를 상징하는 독특한 특징(signature)이기도 했습니다. 왜냐하면 가난하고 힘없는 약자들을 외면하지 않고 진심으로 환대하며 그들을 위해 기꺼이 자신들의 재물과 시간을 나누는 단체가 당시 로마 제국에는 거의 존재하지 않았기 때문입니다. 요즘같이 사회 복지나 사회적 안전망에 대한 개념이 없었고, 힘없고 가난한 이들에 대한 구호나 돌봄이 거의 없던 시대에 대가 없는 호의를 그들에게 베풀고 진심으로 그들을 같은 사람으로 대해 준 곳은 거의 없었습니다. 그런데 그것을 교회가 실천한 것입니다.

이러한 교회의 모습은 당대의 사람들에게 매우 놀라웠습니다. 심지어 이런 초기 교회의 모습은 교회를 이교적이고 사회를 혼란시키는 집단으로 의심하고 감시하던 로마 제국의 관리들과 황제에게까지 신기하게 비쳐질 정도로 특별한 것이었습니다. 비록 정치적, 사회적 입장 차이로 교회를 금지시키고 탄압하던 제국의 관리들과 정부조차도 교회가 보인 박애(博愛)와 환대(친절)의 모습은 인정했습니다.

이렇게 하나님의 사랑(인애)에 근거한 교회의 친절함은 세상의 탐욕과 이기심으로 인해 서로를 미워하며 대립하게 하는 시기(질투)를 이겨 내는 대안적 가치였습니다. 따라서 오늘의 교회역시 교회의 본래 모습을 회복할 수 있도록 노력함이 마땅하니다. 교회 내부에 존재하는 온갖 종류의 차별과 시기(질투)의 모습, 탐욕으로 가득 찬 모습은 버리고 야고보서의 권면대로 서로를 환대하고 서로를 돕는 친절한 하나님의 성품을 회복한다면, 사람들은 이를 통해 하나님 나라(천국)를 실제로 보고 경험하게 될 것입니다.

[좀 더 생각해 볼 질문들]

(1) '위(하나님)로부터 온 지혜'를 가진 사람의 특징(약 3:13, 17-18)과 '(마귀적이고 탐욕스러운) 이 땅의 지혜'를 가진 사람의 특징(약 3:14-16)은 각각 구체적으로 어떤 차이가 있는지 살펴보십시오.

(2) 야고보서에서 말하고 있는 온유함(친절함)이란 사도행전의 상황(행 4:32-37)을 고려할 때 구체적으로 무엇일지 생각해 보십시오.

(3) 초기 교회가 지향했던 '친절함'을 시기(질투)하는 사람들은 왜 그런 모습을 보였을까요?

(4) 교회 내에 있었던 시기(질투)와 차별의 원인은 무엇일까요(약 2장 참조)?

(5) 본문과 참고 분문을 통해 나에게 적용할 수 있는 교훈과 실천적 과제는 무엇입니까?

7

칠죄종 4

분노

SEPTEM PECCATA CAPITALES

그런즉 거짓을 버리고 각각 그 이웃과 더불어 참된 것을 말하라 이는 우리가 서로 지체가 됨이라 분을 내어도 죄를 짓지 말며 해가 지도록 분을 품지 말고 마귀에게 틈을 주지 말라 도둑질하는 자는 다시 도둑질하지 말고 돌이켜 가난한 자에게 구제할 수 있도록 자기 손으로 수고하여 선한 일을 하라 무릇 더러운 말은 너희 입 밖에도 내지 말고 오직 덕을 세우는 데 소용되는 대로 선한 말을 하여 듣는 자들에게 은혜를 끼치게 하라 하나님의 성령을 근심하게 하지 말라 그 안에서 너희가 구원의 날까지 인치심을 받았느니라 너희는 모든 악독과 노함과 분냄과 떠드는 것과 비방하는 것을 모든 악의와 함께 버리고 서로 친절하게 하며 불쌍히 여기며 서로 용서하기를 하나님이 그리스도 안에서 너희를 용서하심과 같이 하라

참고 본문 ①: 로마서 5:1-5

그러므로 우리가 믿음으로 의롭다 하심을 받았으니 우리 주 예수 그리스도로 말미암아 하나님과 화평을 누리자 또한 그로 말미암아 우리가 믿음으로 서 있는 이 은혜에 들어감을 얻었으며 하나님의 영광을 바라고 즐거워하느니라 다만 이뿐 아니라 우리가 환난 중에도 즐거워하나니 이는 환난은 인내를, 인내는 연단을, 연단은 소망을 이루는 줄 앎이로다 소망이 우리를 부끄럽게 하지 아니함은 우리에게 주신 성령으로 말미암아 하나님의 사랑이 우리 마음에 부은 바 됨이니

참고 본문 ②: 에베소서 4:17-24

그러므로 내가 이것을 말하며 주 안에서 증언하노니 이제부터 너희는 이방인이 그 마음의 허망한 것으로 행함같이 행하지 말라 그들의 총명이 어두워지고 그들 가운데 있는 무지함과 그들의 마음이 굳어짐으로 말미암아 하나님의 생명에서 떠나 있도다 그들이 감각 없는 자가 되어 자신을 방탕에 방임하여 모든 더러운 것을 욕심으로 행하되 오직 너희는 그리스도를 그같이 배우지 아니하였느니라 진리가 예수 안에 있는 것같이 너희가 참으로 그에게서 듣고 또한 그 안에서 가르침을 받았을진대 너희는 유혹의 욕심을 따라 썩어져 가는 구습을 따르는 옛 사람을 벗어 버리고 오직 너희의 심령이 새롭게 되어 하나님을 따라 의와 진리의 거룩함으로 지으심을 받은 새 사람을 입으라

칠죄종 네 번째 항목
분노(憤怒, Wrath)

지금 한국 사회에서는 '분노 조절 장애'라는 용어를 쉽게 찾아볼 수 있습니다. 자신보다 약자인 이들에게 잘 나타나고, 자신보다 강자인 이들에게는 나타나지 않는 일종의 블랙 유머처럼 사용되지만, 실제로는 분명한 정신 질환이며 정식 명칭은 '간헐적 폭발 장애'(Intermittent Explosive Disorder)입니다. 이 질환은 분노가 일정 단계를 넘어서게 되면 사고가 정지되고 대상이 누구든 그에게 폭발적으로 분노와 폭력적 행동을 보이게 됩니다. 만일 그것이 뜻대로 되지 않으면 자해도 하는 무서운 질환입니다.

그런데도 한국 사회 내에서 이 용어를 우스갯소리처럼 소모하는 그 기저에는 실제로는 위와 같은 질환이 없음에도 타인을 향해 폭력을 휘두르고는 경찰에 연행되었을 때 자신이 '분노 조절 장애'라고 핑계를 대는 이들에 대한 사회적 조롱의 의미가 있을 것입니다. 또한 자신에게 '분노 조절 장애'가 있다고 다른 사람들을 위협하는 이들이 자신보다 약자에게는 실제로 서슴지 않고 폭력적 언행을 보이다가도 자신보다 강하게 보이는 이들에게는 갑자기 얌전해지는 모습에 대한 사회적 조롱의 의미도 있을 것입니다.

분명한 것은 이런 용어가 무분별하게 사용될 정도로 현재의 한국 사회에서 사람들이 도가 지나칠 정도로 쉽게 분노하고, 그 분노를 잘 자제하지 못하는 경우가 많다는 것입니다. 특히 각종 폭행에 관련된 사고들을 보면, 자신보다 힘이 약하거나 사회적 지위가 약하다고 판단되는 이들, 즉 여성, 아동, 비정규직 및 계약직 직원, 약소국 출신의 외국인 노동자 등에게 분노를 표출하는 소위 '갑질'과 관련된 것이 상당히 많습니다. 이런 약자들에 대한 혐오와 증오가 제어되지 않고 나타나는 것은 그 사회(공동체)가 건강하지 못하다는 중요한 증거 중 하나입니다.

이런 분노가 사회에 많이 나타나는 이유는 여러 가지가 있겠지만, 기본적으로는 사회가 안정되지 않고 정치적, 경제적 정의가 이뤄지지 않아 빈부 격차가 심해지고 신분 격차가 벌어져 민주적 평등이 무너지는 것이 중요한 원인입니다. 이런 사회에서는 아무리 열심히 일하고 열심히 공부해도 이미 출발선이 다르거나 부당한 방법으로 부와 권력을 독점하는 권력층(상류층) 때문에 노력에 대한 대가를 기대할 수 없어서 다수의 일반 시민들은 좌절할 수밖에 없습니다. 그리고 이는 결국 사회적 분노를 불러오게 됩니다.

분노는 인간의 욕구와 희망이 좌절되거나 제대로 성취될 수 없을 때 나타나는 현상이고, 많은 경우에 자신보다 약자라고 판단하는 이들에게 가해지는 폭력으로 이어집니다. 그리고 이러한 내용들은 칠죄종 네 번째 항목인 '분노'를 이해하는 중요한 배경이 됩니다.

칠죄종 네 번째 항목인 '분노'를 의미하는 라틴어 *Ira*는 영어로는 wrath입니다. 여기에는 '격렬한 진노'(노여움)라는 뉘앙스가 있습니다. 이는 자신의 화를 이끌어 내는 '대상'에 대한 강렬한 적개심을 전제로 하는 개념입니다. 분노의 대상이 자신인 경우도 있고 타인인 경우도 있는데, 칠죄종 분노는 후자의 경우를 말합니다. 즉, 타인에 대한 적개심에 따른 증오의 감정을 의미합니다. 칠죄종이 교회를 위협하는 죄의 목록이라는 점을 생각해 보면, 이 '분노'의 대상은 일차적으로 교회 밖이 아닌 교회 내에 있는 같은 성도들이라 할 수 있습니다.

칠죄종 '분노'는 칠주선 '인내'(忍耐) 부재의 결과이기도 합니다. 일반적으로 인내를 patience로 번역하는데, 이는 참을성, 자제력을 의미합니다. 그러나 칠주선 '인내'는 고통과 고난의 시간을 포기하지 않고 견뎌 낸다는 의미를 내포하고 있습니다. 그런 점에서 patience보다는 perseverance에 좀 더 가까운 개념입니다.[39]

---

[39] 이는 교의 신학에서 말하는 성도의 '견인'(堅忍)의 의미이기도 합니다. 성령께서 성도가 올바른 믿음의 길을 갈 때 쓰러지지 않게 해 주는 '버팀목'이 되신다는 말입니다. 그래서 성령께서 성도가 어려움과 시련을 이겨 내고 끝내 성화의 과정을 완주할 수 있도록 도우시는 것이 성령의 '견인' 개념이며, 이것이 '성령의 인도하심'의 본질이기도 합니다.

이를 통해 칠주선 인내가 참을성이 많은 개인의 성품을 말하는 것을 넘어서 교회 공동체에게 요구되었던 덕목임을 짐작할 수 있습니다. 초기 교회는 서구 유럽 사회에서 완전히 로마 제국의 종교로 자리 잡기까지 수백 년의 시간 동안[40] 많은 환난과 핍박을 받았고 이를 감내해야 했습니다. 이 기간 동안 앞이 보이지 않는 고통 속에서도 그들은 자신들의 신앙을 지키고 보존해 왔고 그 어려움의 시간을 견뎌 내야 했습니다. 이러한 의미가 칠주선 인내(perseverance)의 개념 속에 반영되어 있습니다.

사실 초기 교회뿐만 아니라 어느 시대에서도 교회와 성도는 세상 속에서 환난과 박해의 시간을 견뎌 내야(인내해야) 하는 숙명을 가지고 있는 존재입니다. 왜냐하면 교회가 믿고 고백하는 신앙의 근본인 예수 그리스도의 복음과 그로 말미암아 유업으로 받게 되는 하나님 나라는 이 세상이 중요시하는 가치(개인의 욕망, 성공, 번영)와는 정반대의 것이기 때문입니다.

따라서 세상은 자신들이 추구하는 것을 거부하고 하나님 나라의 가치를 지키려는 교회를 거부하고 박해하는 것이 당연합니다. 불법과 불의를 저지르면서도 자신의 욕망을 이루려는 이들에게 하나님의 의로우심을 말하고, 남이야 죽건 말건 자신만 잘 먹고 잘 살면 된다고 생각하는 이들에게 가난하고 약한 이들

---

40 교회가 성립되고 난 후 1세기 후반부터 교회가 로마 제국의 종교로 인정되고(주후 313년), 더 나아가 로마 제국의 국교로 선포될 때까지(주후 380년) 대략 3백 년 가까이 교회는 심한 박해를 받았습니다.

을 돌보며 함께 살아야 한다고 말하는 교회가 세상의 불의한 권력자들과 부자들의 마음에 들 리가 없기 때문입니다.

그런 의미에서 교회와 성도(특히 목회자)가 이 세상에서 온갖 부와 명성, 권력을 누리면서 사는 것이 과연 성경이 말하는 올바른 교회와 성도의 모습인지를 진지하게 되물어 봐야 합니다. 성경은 "부자가 하나님 나라에 들어가는 것보다 낙타가 바늘귀를 지나가는 것이 더 쉽다"(마 19:24, 새번역)라고 말합니다. 이는 그만큼 부(변영)를 추구하는 세상의 가치와 의로움과 인애의 가치를 중요시하는 하나님 나라의 가치가 서로 어울릴 수 없는 물과 기름과 같은 것임을 의미합니다.

그런데 오늘의 한국 교회에서는 너무나 쉽게 하나님의 축복을 세상의 부와 권력, 성공 등으로 이해하는 경향이 강합니다. 성경과 교회의 역사는 참된 교회와 성도가 이 세상에서는 많은 어려움과 환난을 받는 것이 당연하다고 말하고 있는데,[41] 오늘의 적지 않은 교회들이 그런 말씀은 신경 쓰지도 않고 도리어 세상의 부와 권력을 더 탐욕스럽게 탐합니다.

그러다 보니 교회에서 흔히 들을 수 있는 인내에 관한 말들, 즉 "고난은 위장된 축복이다", "지금 닥친 어려움을 잘 참으면

---

41 특히 예수님께서는 팔복 단락에서 "의를 위하여 박해를 받은 자는 복이 있나니 천국이 그들의 것임이라 나로 말미암아 너희를 욕하고 박해하고 거짓으로 너희를 거슬러 모든 악한 말을 할 때에는 너희에게 복이 있나니 기뻐하고 즐거워하라 하늘에서 너희의 상이 큼이라 너희 전에 있던 선지자들도 이같이 박해하였느니라"(마 5:10-12)라고 분명히 말씀하셨습니다.

(인내하면) 갑절의 축복이 온다", "응답이 올 때까지 참고(인내하고) 기다려라"와 같은 말들은 앞서 언급한 한국 교회가 추구하는 '복'(세상의 좋은 것들)을 얻기까지 기다리는 수단으로서 사용되는 경우가 많습니다. 다시 말해 이런 경우 '인내'란 이 세상에서 누릴 수 있는 (세속적 개념의) 좋은 것들을 얻기까지 참고 계속해서 기도하고 기다려야 하는 개념이 됩니다. 즉, 인내는 보답을 위한 기다림의 과정이 됩니다.

그러나 성경에서 말하는 '인내'는 그런 것과는 거의 상관이 없습니다. 교회와 성도가 가져야 할 '인내'는 하나님의 구원 경륜의 때에 하나님 나라의 회복과 완성이 이뤄질 것을 믿고, 그 때까지는 불가피하게 허용된 불의와 악으로 가득 찬 세상에서 이에 굴복하지 않고 그들로부터 받게 되는 박해와 환난의 시기를 '견뎌 내는' 것입니다. 바로 이것이 칠주선에서 말하는 '인내'와 가까운 의미입니다.

이러한 칠주선 '인내'의 의미를 고려한다면, 칠죄종 '분노'는 교회가 마땅히 견뎌 내야 할 세상으로부터 받는 고난과 핍박, 그리고 환난에 대한 인내가 사라진 곳에 나타나는 현상임을 알 수 있습니다. 그리고 그 구체적인 내용과 의미가 에베소서에 잘 나타나 있습니다.

에베소서의 배경과 특징

에베소서는 사도 바울의 서신서들 중에서도 매우 독특한 위치에 있습니다. 왜냐하면 에베소서가 적은 분량(6장)임에도 불구하고 다루고 있는 신학적 주제들이 매우 중요하기 때문입니다. 특히 에베소서에서 말하고 있는 교회론(Ecclesiology)은 신약 성경 내에서도 최고봉에 해당할 정도로 수준 높고 통합적입니다.

사도 바울의 신학이 한국 교회 내에서는 칭의론을 중심으로 알려져 있지만, 실제로는 교회론도 바울 신학의 중요한 부분을 차지합니다. 그중에서 에베소서는 사도 바울 교회론의 총화(總和)라 해도 과언이 아닐 만큼 놀라운 공교회(Catholic Church)의 모습을 서술하고 있습니다.

특히 구약(특히 예언서들)에서부터 예견한 메시아가 회복할 하나님 나라가 예수 그리스도로 말미암아 통일되고 완성된다는 점을 말하면서(엡 1:10, 21; 4:5-6 참조), 예수 그리스도로 통일된 '만유'(萬有: 온 세상의 만물, 엡 4:6) 속에 교회가 있고, 그 교회의 머리가 예수 그리스도시며, 교회는 그의 몸이자 만물을 충만케 하시는 이의 충만함 그 자체라고 선언합니다(엡 1:22-23). 이는 에베소서가 기록될 당시에 우주적(보편적) 교회론이 교회 내에 어느 정도 성립되어 있다는 것을 방증(傍證)합니다.[42]

---

42   에베소서의 기록 시기는 에베소서가 제1 바울 서신(사도 바울이 생전에 직접 기록한 서신)

만유의 주가 되시며 하나님의 창조 세계를 통일하시는 그리스도, 그분의 충만함을 드러내는 교회(보편적 공교회), 그 교회에서 함께 '한 새 사람'(엡 2:15)이 되어 가는 성도의 새로운 삶의 질서는 에베소서의 가장 중요한 흐름입니다. 또한 이것은 당대의 암울한 세계 속에서 교회가 보여 준 새로운 차원의 묵시적 비전이기도 합니다. 단순히 핍박받던 계급이 세상을 뒤집어엎고 새로운 지배자가 되는 세계가 아니라 모두가 그리스도 안에서 통일(조화로운 연합과 일치)되는 세계를 그리스도의 복음(특히 엡 2장)을 통해 선언하고 있기 때문입니다. 이는 구약 성경 이사야서가 보여 준 하나님 나라에 대한 전망(vision)의 확장이자 완성이기도 합니다.

성경에는 에베소서의 수신자가 '에베소에 있는 성도들'이라고 기록되어 있습니다(엡 1:1). 하지만 에베소서가 기록된 초기 신약 성경 필사본에는 명확한 수신자가 생략되어 있습니다.[43] 이를 볼 때 에베소서의 수신자는 에베소라는 지역에 한정되어

이냐 제2 바울 서신(사도 바울 사후에 그의 제자나 후예가 사도 바울 생전의 가르침을 정리한 유작)이냐에 따라 달라집니다. 전자라면 주후 62년 전후, 후자라면 1세기 말엽, 특히 80년대 이후입니다. 개인적으로는 에베소서의 문체, 배경에 드러나는 시대적 정황, 다른 신약 성경(특히 골로새서)과의 관계를 고려해 볼 때, 사도 바울 생전보다는 1세기 후반의 저작으로 보는 것이 좀 더 자연스럽습니다. 교회론이 거의 완성되어 있고 특히 공교회라는 개념이 정립되어 있다는 점에서 더욱 그러합니다.

43 만일 에베소서에 처음부터 수신자가 명확하게 기록되어 있었다면, 초기 사본들이 그것을 고의로 삭제했을 가능성은 매우 희박해 보입니다. 따라서 이는 후대에 첨언(添言)된 지명일 가능성이 높습니다. 특히 에베소 지역이 사도 바울이 생전에 매우 공을 들이고 오랫동안(3년 이상) 사역한 곳이라는 점을 고려했을 때, 만일 처음부터 에베소가 수신 지역이었다면 그들에 대한 개인적 안부와 축복이 생략된 것은 부자연스럽습니다(다른 1차 바울 서신들과 사뭇 다름). 다만 포괄적 지역 안에 에베소 지역도 포함되었을 가능성은 충분히 있습니다.

있지 않고 일반적인 당대의 교회 성도들 모두라 할 수 있습니다. 그래서 에베소서는 일종의 범용(汎用) 서신, 즉 회람(回覽: 공개적으로 돌려서 볼 수 있는) 서신의 성격을 띤 저술이라고 할 수 있습니다. 그럼에도 완성된 정경 에베소서에는 '에베소'가 왜 1차 수신 지역으로 명시되었는지 의문이 남는데, 그것은 정확히 단언할 수는 없지만 개인적으로는 '에베소'라는 지역이 가진 특성과 상징성 때문이 아닐까 생각합니다.

역사적으로 1세기 후반의 에베소 지역은 사도 바울이 매우 공을 들여 사역했던 지역 중 하나였고, 그에 따른 활발한 활동이 일어났던 곳이었습니다.[44] 그러나 사도 바울 사후에 점차 과거에 성행했던 우상 숭배(에베소는 아데미 여신을 숭배하던 도시, 행 19:21-41 참조)에 빠지거나, 사도들이 전하지 않은 다른 복음과 잘못된 가르침에 미혹되거나(엡 4:14, 17-24 참조), 회심 이전의 문란했던 삶으로 돌아가는(엡 5:3-14 참조) 등 혼란스러운 상황에 놓이게 되었습니다. 오죽했으면 1세기 말엽에 기록된 요한계시록에서는 에베소교회를 '첫 사랑을 버린 곳'이라고 질책할 정도였습니다(계 2:4).

이는 에베소 지역에서 상업이 활발하게 발달하다 보니 사람들이 계산(셈)에 능하고, 무엇이 자기에게 이익이 되는지를 빠르

---

44 사도행전을 보면 에베소 지역에 복음이 전해진 후 사람들이 회심을 하고 자신늘이 행하던 마술 책들을 갖다가 태우는 변화가 나타났습니다(행 19:17-20).

게 판단하며, 그 판단에 따라 발 빠르게 움직이던 시대적 정황과 무관하지 않을 것입니다. 특히 에베소가 성경의 전통에 익숙하지 않고 이교적 삶에 익숙했던 이방인들이 많았던 지역이라는 점에서 더욱 그러합니다.

따라서 이런 '에베소'야말로 다시금 만유를 통일하시고 교회를 새롭게 하시는 그리스도의 구원의 경륜과 그 의미를 드러내는 데 가장 적합한 곳으로서 정경 에베소서가 택한 '1차 수신 지역'이 되지 않았을까 생각합니다. 이 '에베소'는 회심 이후에 복음과 세상을 뒤죽박죽으로 섞어서 믿음으로 혼란에 빠졌을 뿐만 아니라 더 나아가 참 교회의 모습을 상실할 위기에 처한 당시 모든 지역의 교회를 적절하게 상징하는 곳이기 때문입니다.

물론 이는 1세기가 아닌 현대의 한국 교회에도 동일하게 적용할 수 있는 부분입니다. 오늘날에도 복음으로 시작했지만 세상으로 돌아갔거나 돌아가려고 하는 교회와 성도들이 많기 때문입니다. 성경적 가치와 기준이 아니라 자신에게 이익이 되는 쪽으로 믿음도 바꾸고 심지어는 성경에도 없는 내용을 성경 말씀처럼 왜곡하는 경우도 있습니다. 아무리 하나님 말씀의 엄위 (嚴威)함과 우리 주님이신 예수님의 교훈의 중요성을 말해도, '달면 삼키고 쓰면 뱉는'(甘呑苦吐) 모습을 에베소교회에서도 현재의 한국 교회에서도 어렵지 않게 찾아볼 수 있습니다.

하지만 이런 현실 속에서도 정경 에베소서는 만유를 통일하

시고 교회를 통해 하나로 화목하게 하시는(엡 2:16-18) 그리스도
의 사역과 그 올바른 의미를 찾고자 하는 교회와 성도에게 중요
한 이정표가 되어 줄 것입니다. 하나님의 말씀을 우습게 알고
제멋대로 믿는 이들도 있지만, 그래도 신실한 성도들에게 하나
님의 말씀은 '우리의 발 앞을 밝혀 주는 등불이요, 우리의 갈 길
을 비추시는 빛'이기 때문입니다(시 119:105). 이 가운데 에베소
서 4장은 칠죄종 '분노'와 칠주선 '인내'에 대한 중요한 교훈을
우리에게 알려 줍니다.

▌본문을 따라 생각해 보기
▌칠죄종 '분노'와 칠주선 '인내'의 의미

에베소서 4장은 과거에는 하나님과 상관없는 이방인으로 살았
으나 이제는 그리스도 예수 안에서 성도가 되어 하나(통일) 된
교회(엡 1:10; 4:1-6 참조)로 부르심을 받은 성도들에게 주는 하나
님 나라 백성의 삶에 합당하고 다양한 은사들과 교훈들로 구성
되어 있습니다. 그 뒤로 이어지는 5장과 6장에도 역시 유사한
내용들이 기록되어 있습니다.

　유대인들에게도 그렇지만 이방인들에게도 과거 삶의 방식을
포기하고 그리스도와 연합(세례)한 삶을 사는 것(엡 4:22-24)은 결

코 쉬운 일이 아니었습니다. 특히 에베소처럼 온갖 사상과 종교, 화려하고 풍족한 문물이 넘치고, 계산에 능하고 약삭빠른 사람들이 넘치는 사회에서 올바른 성도와 교회로 회심하여 살아가는 것은 더욱 어려웠을 것입니다. 세상을 보는 눈(세계관과 기준)이 변하게 되면 당연히 그에 따른 삶에도 변화가 생기는데, 문제는 이것이 예전보다 세속적 기준에서 더 편하고 좋은 것이 아니라는 데 있습니다.

오히려 성도로 살다 보면 편하고 좋은 것은 고사하고 과거보다는 훨씬 더 어렵고 불편한 것이 많아집니다. 왜냐하면 성도는 과거와는 전혀 다른 기준과 가치를 따라 살아야 하기 때문입니다. 그것과 더불어 교회는 시간이 갈수록 로마 제국으로부터 점점 더 심한 박해를 받게 되어서[45] 경제적, 정치적으로도 많은 위협과 어려움을 겪는 것도 감수해야 했습니다.

게다가 그리스도의 부활과 승천 사건으로 촉발된 종말론적 기대(예수 그리스도의 재림으로 말미암는 하나님 나라의 완성)도 예루살렘 멸망과 유대인의 대대적 디아스포라(팔레스타인에서의 추방)가 일어난 주후 70년 이후 점점 사그라졌습니다. 오히려 예전보다 더욱 강력해진 로마 제국의 위세와 그로 말미암은 그리스도인들에 대한 핍박으로 교회에는 하루가 다르게 배교자들이 늘어

---

45 로마 제국에서 황제 중심의 제국 체제가 확고해지면서 황제를 단순한 지도자를 넘어 신격화하며 황제를 신으로 숭배하는 사상이 생겼습니다. 교회는 이를 우상 숭배로 여겨 거절했고, 그 결과 당연히 제국으로부터 반(反)제국주의자로 몰려 핍박을 받게 되었습니다.

났습니다.

이와 같은 상황에서 교회 역시 많은 진통을 겪게 되었고, 점점 더 심해지는 환난과 핍박의 위협 속에서 성도들은 언제 이뤄질지 기약이 없는 메시아의 재림 때까지 자신들의 믿음과 공동체인 교회를 지키며 살아가야 하는 상황을 마주했습니다. 그 가운데 에베소교회 성도들 역시 기로에 서게 되었을 것입니다.

에베소서는 후반부(특히 엡 4:17 이후)를 시작하면서 에베소교회 성도들에게 두 갈래의 길을 말합니다. 하나는 '옛 사람'(엡 4:22)이고, 다른 하나는 '새 사람'(엡 4:23)입니다. 전자는 예수님을 믿지 않던 과거 삶의 방식을 가리키는 말이고, 후자는 예수님을 믿고 회심한 후 변화된 성도로서의 삶의 방식을 가리키는 말입니다.

에베소뿐만 아니라 당대 로마 제국 치하에 있던 대부분의 식민지인(피지배자)에게 생존은 가장 중요한 가치였고,[46] 그것이 해결된 이들, 즉 어느 정도의 사회적 지위와 권력을 얻은 이들에게는 물질적으로 더 풍족한 삶(번영)이 중요한 가치였습니다. 자신이 더 잘살 수 있다면 그 수단과 방법은 그렇게 크게 중요하지 않았습니다. 뇌물을 바쳐서 지위를 얻든, 로마 제국의 권력

---

[46] 몇몇 로마 제국의 중요한 거점 도시와 지역을 제외하면, 나머지 식민지들은 대체적으로 과도한 세금과 약탈에 고통당했습니다. 공식적으로 중앙 정부에 내야 하는 세금도 적지 않았고(최소 20~25%), 그 외에도 각 지역의 총독이나 파견된 관리들이 사적으로 거둬들이는 세금은 그 이상이었습니다. 그래서 대체적으로 식민지 사람들은 과도한 세금 탓에 가난에서 벗어나기가 어려웠습니다.

을 등에 업고 동족들의 고혈을 빨아먹든 큰 문제가 되지 않는 것이 당대의 현실이었습니다. 이런 상황 속에서 양심을 지키고 사는 사람들은 '상류층'이 되기 어려웠습니다.

에베소서 본문에 등장하는 '옛 사람'의 모습에 대한 묘사 역시 이러한 시대적 상황이 많이 반영되어 있습니다. '거짓(사기. 위증)'(엡 4:25), '분노'(엡 4:26), '도둑질(약탈)'(엡 4:28), '독설과 증오로 가득 찬 폭력적 언사'(엡 4:29-30), '악의로 가득 찬 비방(중상모략)'(엡 4:31) 등과 같은 범죄와 불의에 관련된 내용들이 주를 이룹니다. 특히 이 목록들은 모두 '이웃'(엡 4:25)에 대한 태도와 연관이 있습니다.

이는 당시 에베소 지역 하층민들(피지배자들)이 자기 주위에 있는 이웃, 즉 비슷한 처지에 있는 이들과 경쟁하고 투쟁하는 것이 일상임을 시사합니다. 그렇게 해야 생존도, 어려운 환경 속에서 그나마 있는 재화들을 얻는 것도 가능했기 때문입니다.

예나 지금이나 권력자들, 특히 불의한 지도자들이 사회를 지배하는 가장 쉬운 방법은 자신들이 가지고 있는 핵심 권력은 감히 쳐다볼 수도 없도록 강력하게 통제하고 차단해서 자기들끼리만 나눠 갖고, 하층민들에게는 약간의 떡고물만을 던져 주며 능력껏 알아서 가져가라고 하층민들끼리 서로 싸우도록 경쟁을 시키는 것입니다. 그리고 그 과정에서 철저히 권력자들의 비위를 잘 맞추며 순종하는 극소수의 사람들만 자신들 세계의 관리인으로 편입시켜 주는 것입니다. 그러면 알아서들 그 속에서 자기네들끼리 치열하게 치고받고 싸우며 아귀다툼을 벌이고, 그들 위에서 대부분의 권력과 재화를 손에 쥐고 살아가는 이들의 자발적 노예로 살아가게 됩니다.

로마 제국의 지배자들(황제와 소수의 귀족들, 대규모 장원의 소유자들)은 이런 '채찍'과 '당근'을 잘 사용했는데, 오늘날에도 이런 지배 원리는 근본적으로 동일합니다. 한국 사회 역시 21세기인 현재에도 여전히 대부분의 부와 권력은 과거의 '제국들'과 마찬가지로 극소수의 사람들에게 집중되어 있습니다. 왕정이 공화정으로, 독재가 민주주의로 바뀌어도 세상의 근본적인 틀과 지배 구조는 바뀌지 않았습니다.

따라서 대다수의 서민들은 그나마 쟁취할 수 있는 약간의 재화라도 더 많이 얻기 위해, 그리고 희박하지만 그나마 현재보다 더 높은 자리로 올라갈 수 있는 기회를 잡기 위해, 남자와 여자로, 정규직과 비정규직으로, 비장애인과 장애인으로, 다수자들과 소수자들로, 지역으로, 학벌 등으로 권력자들이 만들어 놓은 틀에 따라 끊임없이 서로 갈라져서 싸우며 그들의 자발적 노예로 살아가고 있습니다. 이것이 지금 벌어지고 있는 현실입니다.

'제국'이라는 피라미드 식의 계급 구조를 기반으로 하는 통치 체제인 '옛 세상'에 속한 '옛 사람'들은 이런 사회 구조를 벗어나기가 매우 어렵습니다. 왜냐하면 그 틀을 벗어나려고 하는 순간부터 매우 혹독한 차별과 억압을 받게 되고, 심지어는 그나마 소유할 수 있었던 재화마저 빼앗기고 더 위로 올라갈 수 있는 기회 자체마저 박탈당하기 때문입니다. 그래서 그 구조 속에서 그나마 생존이라도 보장받으려면, 그리고 조금이라도 편안한 삶을 살고 싶다면 현실을 외면하고, 다른 이들의 어려움을 외면하며, 자신의 생존을 위해 살 수밖에 없는 것입니다.

에베소 지역에 속한 에베소교회의 성도들 역시 다른 에베소 사람들처럼 과거에는 이러한 '옛 세상'의 질서에 잘 적응하고 순응하여 살아가던 '옛 사람'들이었습니다. 그러나 예수 그리스도의 복음을 들은 후 회심하고, 사도들을 비롯한 교회의 지도자들을 통해 교회라는 '하나님 나라', 즉 '새 세계'의 놀라움을 배우고 경험한 후 '새 사람'으로 살기로 결정했습니다. 그럼에도 에베소교회의 성도들은 훨씬 더 어려운 상황에 놓이게 되었습니다. 왜냐하면 그냥 예전에 살던 대로 살면 별 문제가 없던 것들이 복음을 듣고 성도로 살기로 결정한 후에는 여러 가지 불편하고 고통스러운 상황들로 변했고, 더 나아가 성도의 기준에 맞게 살고자 하면 당대의 사회에서 많은 불이익과 손해를 봐야 하는 일들이 잦아졌기 때문입니다.

에베소뿐만 아니라 당대의 이방인 성도들 상당수가 많은 경우 예수님이 왕이 되시는 하나님 나라의 개념을 자신들이 알던 제국의 개념과 유사한 것으로 이해했습니다. 그래서 그들은 메시아이신 예수님께서 재림하셔서 로마 제국을 포함한 세상 나라들을 심판하시고, 자신들처럼 예수님을 '왕'으로 섬기기로 한 사람들에게 많은 포상과 좋은 것들을 선물로 주실 것이라 기대했습니다. 그러나 막상 자신들이 기대했던 그런 종말은 이뤄지지 않았고, 자신들은 더 많은 좋은 것들을 얻기는커녕 가난한 이들을 위해 더 많은 것을 내놓아야 했으며, 설상가상으로 교회는 점점 더 심해지는 로마 제국의 핍박에도 직면하게 되었습니다.

이러한 에베소교회 성도들의 상황을 여실히 보여 주는 본문(엡 4:25-32)의 중요한 키워드가 '분노'(엡 4:26, 31)입니다. 특히 이 '분노'는 본문에서 악의(惡意: 남에게 해악을 끼치고자 하는 나쁜 마음), 화를 내는 것(노함), 고함을 지름(떠드는 것), 중상모략(비방하는 것) 등과 연결되어 있습니다. 이것은 단순히 화가 많은 성품이나 성격 자체를 말하는 것이 아니라 분노가 명백히 자신의 주변 사람들(이웃, 공동체)에게 향하고 있는 문제임을 보여 줍니다.

그럼 에베소교회 성도들은 왜 이렇게 분노에 휩싸여 있었을까요? 여러 해석이 있을 수 있겠지만, 당시 상황과 에베소서 본문의 문맥을 고려할 때 에베소교회 성도들의 현실에 대한 좌절감 때문일 가능성이 높습니다. 다시 말해 당시 사회적 환경의 척박함(적자생존의 세계와 갈수록 어려워지는 경제적, 정치적 현실) 탓에 성도들이 아무리 노력해도 현실이 바뀌지 않았을 뿐만 아니라 바뀔 것이라는 희망조차 보이지 않았다는 것입니다.

물론 성도도 분노할 수 있습니다. 그러나 그 대상과 방향이 중요합니다. 특히 분노(증오)가 자신보다 약하거나 함께 살아가야 할 이웃들에게 향하게 된 원인은 첫째, 세상을 약자에 대한 증오와 약탈의 장으로 바꾸고 있는 본질적인 악과 불의(불의하고 탐욕스러운 권력자들과 그들에게 기생하는 세력) 앞에 굴복했기 때문이고, 둘째, 자신도 어느새 그러한 세상의 흐름과 방향을 인정하고 그 위에 동승했기 때문입니다.

성도는 성령의 도우심에 따라 이러한 흐름을 끊어 내고 저항하며 결국은 극복해 내는 존재입니다(견인의 능력). 그리고 이러한 세상을 만들어 서로 싸우게 만들고 증오하게 하고 자신들은 그 뒤에서 불의한 이익을 누리며 사회를 부당하게 다스리려고 하는 불의한 권력자들을 꾸짖고, 그들에게 공의로우신 하나님의 심판을 선언하며 회개를 촉구하는 사람이어야 합니다. 그런 의미에서 성도는 단순히 화를 내지 않는 사람이 아니라 하나님 나라에 역행하는 불의와 죄악에 대해 분노하고 저항하는 사람입니다.

에베소서는 '옛 사람'의 모습을 다 버리지 못하고 있는 에베소교회 성도들에게 엉뚱한 방향으로 표출되는 분노의 모습들을 버리고, 더불어 그 분노로 말미암아 어그러진 삶의 모습들도 바꿀 수 있도록 '새 사람'의 삶의 태도와 방향을 제시합니다.

도둑질하는 사람은 다시는 도둑질하지 말고, 수고를 하여 제 손으로 떳떳하게 벌이를 하십시오. 그리하여 오히려 궁핍한 사람들에게 나누어 줄 것이 있게 하십시오. 나쁜 말은 입 밖에 내지 말고, 덕을 세우는 데에 필요한 말이 있으면, 적절한 때에 해서, 듣는 사람에게 은혜가 되게 하십시오 _약 4:28-29, 새번역

다른 이들을 향한 악의에 찬 분노는 결국 타인을 향한 불의한 행동(범죄)으로 이어지게 마련입니다. 그래서 에베소서는 그러한 분노를 가져서도 안 되지만, 설령 가졌다 할지라도 그것을 속히 버리라고 권면합니다(엡 4:26). 분노는 마치 불길과 같아서 빨리 끄지 못한다면 결국 자기 자신을 불태우기 마련입니다.

에베소교회 성도들 중에 그러한 분노에 휩싸인 사람들은 결국 타인의 것을 약탈하고(도둑질하고, 빼앗고), 수고하여 떳떳하게 일하지 않고 부당하게(편하게) 돈 버는 일을 택했습니다. 에베소서는 이것을 엄중하게 금하면서 성도라면 결코 타인의 것을 부당한 방법으로 빼앗지(도둑질하지) 말고,[47] 정당하게 자신이 직접 노력하고 수고하여 경제적 이익을 얻으라고 권합니다. 이는 성경이 제시하는 노동 윤리라 할 수 있습니다.

---

47 보통 남의 것을 몰래 훔치는 행위를 도둑질이라고 알고 있습니다. 물론 그것도 맞는 말이지만 성경, 특히 십계명에 있는 "도둑질하지 말라"는 계명에는 남의 것을 훔치는 것을 넘어 타인의 정당한 소유와 권리를 힘이 있다고 약탈하고 빼앗는 것을 금지하는 의미가 담겨 있습니다. 즉, 부당하게 타인의 권리, 소유, 신체의 자유를 빼앗는 모든 행위를 약탈(도둑질)로 간주합니다.

이것은 현대의 교회와 성도에게도 동일하게 적용되는 중요한 기준입니다. 자본주의가 득세하는 오늘의 현실에서라도 하나님 나라의 백성이라면 마땅히 성경의 기준을 따라야 하기 때문입니다.

따라서 오늘의 성도들 역시 돈을 벌더라도 남의 것을 부당하게 약탈하거나 빼앗아서는 안 되고,[48] 자신이 정당하게 일해서 버는 소득이 아닌 불의한 불로 소득(不勞所得)[49] 역시 바라서는 안 되며, 더 나아가 충분히 일할 수 있음에도 다른 이들에게 빌붙어(기생하여) 살아서는 안 됩니다. 이것은 모두 사탄이 지배하는 '옛 세상'의 질서에 속한 악하고 일그러진 결과물들입니다.

에베소서는 사회의 현실에 굴복, 혹은 좌절하여 서로를 향한 분노를 표출하거나 그에 따른 악한 행위를 하며 자신의 생존과 번영만을 추구하는 것을 금지하는 데 그치지 않고, 이 땅에서 하나님 나라를 경험하며 살아갈 수 있는 중요한 가치를 제시합니다.

모든 악독과 격정과 분노와 소란과 욕설은 모든 악의와 함께 내버리십시오. 서로 친절히 대하며, 불쌍히 여기며, 하나님께서

---

48 이는 도둑질이나 강도 같은 직접적인 약탈 행위는 물론, 임금 체불, 부당 해고, 고리대금 등과 같은 타인의 권리를 침해하고 빼앗는 것과 과장, 허위, 불량품 판매 및 사기와 같이 남을 속여서 부당하게 돈을 버는 행위들도 다 포함됩니다.

49 이것은 단순히 일하지 않고 버는 소득 전부를 통칭하는 것이 아니라 도박이나 투기와 같이 자신의 노력으로는 얻을 수 없는 금액을 한꺼번에 벌고자 하는 행위를 의미합니다.

그리스도 안에서 여러분을 용서하신 것과 같이, 서로 용서하십 시오 _엡 4:31-32, 새번역

이웃을 지체로 여기고(엡 4:25), 서로 친절하게 대하고 긍휼히 여기며 용서하는 성도의 행동(엡 4:32)은 분노와 마찬가지로 단 순한 성품 혹은 윤리적 문제가 아니라 성도가 살아가는 세계 자 체의 변화(하나님 나라의 삶)에 따른 결과라 할 수 있습니다.

자신이 보기에 만만한 이들에 대한 분노에 함몰되어 계속되 는 죄(타인에 대한 증오와 적개심)를 짓지 않고, 그 반대의 삶, 즉 가 난한 이들을 구제하고 선한 일을 하며 서로 친절히 대하는 행동 은 저절로 되지 않습니다. 이것이 가능한 것은 현실 앞에서 좌 절하고 포기하지 않게 하는 능력이 있기 때문인데, 성경은 그것 을 바로 '인내'라고 말합니다.

그러므로 우리는 믿음으로 의롭다 하심을 받았으므로, 우리 주 예수 그리스도로 말미암아 하나님과 더불어 평화를 누리고 있 습니다. 우리는 또한, 그리스도로 말미암아 지금 서 있는 이 은 혜의 자리에 [믿음으로] 나아오게 되었으며, 하나님의 영광에 이르게 될 소망을 품고 자랑을 합니다. 그뿐만 아니라, 우리는 환난을 자랑합니다. 우리가 알기로, 환난은 인내력을 낳고, 인 내력은 단련된 인격을 낳고, 단련된 인격은 희망을 낳는 줄을

알고 있기 때문입니다. 이 희망은 우리를 실망시키지 않습니다. 하나님께서 우리에게 주신 성령을 통하여 그의 사랑을 우리 마음속에 부어 주셨기 때문입니다 _롬 5:1-5, 새번역

이처럼 현실의 환난과 어려움을 이겨 내는 것은 하나님 나라에 대한 확신과 소망이 없다면 불가능합니다. 그런 의미에서 로마서가 말하는 인내는 단순히 자신의 화를 억지로 참는 것이 아니라 고통스러운 현실을 이겨 낼 수 있는 소망에 기인한 삶의 태도라 할 수 있습니다.

'포기하면 편해'라는 유혹은 시대를 막론하고 유효한 사탄의 강력한 권능입니다. 좌절과 적개심으로 약자들에게 화를 푸는 분노는 쉽지만, 불의한 권력에게 저항하고 견뎌 내는 인내는 쉽지 않습니다.

쉬운 일은 아니지만 '마음 가는 대로 사는 사람이 아니라 옳은 것을 위해 살아가는 사람'이 바로 성도입니다. 그리고 이것을 가능하게 하시는 분이 성령님이십니다. 또한 인내는 개인이 혼자 하는 것보다 공동체가 함께할 때 훨씬 그 짐이 가볍고 위로가 됩니다. 그리고 인내를 통해 성도의 신앙은 견고해지고(연단), 하나님의 위로와 소망을 체험하게 됩니다.

우리도 과거에는 하나님의 진노에서 자유로울 수 없었던 '옛 세상'에 속한 존재였습니다. 하지만 예수님을 통해 하나님의 은

혜로 구원받고 하나님 나라의 백성으로 살게 되었습니다. 이는 전적으로 하나님의 인애하심에 근거한 '길이 참으심'(인내)의 결과입니다. 끝내 당신의 백성을 포기하시지 않고 구원의 때가 이를 때까지 인내하신 하나님의 은혜가 없다면, 그 누구도 구원받을 수 없기 때문입니다.

그래서 교회와 성도의 '인내'는 약한 것이 아니라 도리어 강한 것입니다. 세상의 질서에 굴복하고 포기하여 분노와 증오로 사는 이들이 오히려 약한 자들입니다. 불의와 탐욕에 굴복하여 스스로를 맡겼기 때문입니다.

'옛 세상'과 그 질서로 세상을 다스리려는 불의한 권력자들은 끊임없이 약자들끼리 서로를 증오하고 분노하게 하면서 개인의 생존과 번영에만 몰두하도록 만들어 자신들에게는 저항하지 못하게 합니다. 그러나 성도는 오히려 이웃과 공동체를 격려하며 현실에 굴복하거나 현실을 포기하지 않습니다. 성도는 그때를 견뎌 내며(인내), 하나님 나라의 소망을 포기하지 않는 세상의 빛이요 소금과 같은 존재입니다.

[좀 더 생각해 볼 질문들]

(1) 본문(엡 4:25-32)에서 에베소교회의 성도들에게 이웃을 향하여 하지 말라고 금지하고 있는 항목들은 구체적으로 무엇이고, 이것이 의미하는 바는 무엇일지 생각해 보십시오(당대 에베소교회의 현실).

(2) 에베소교회 성도들(이방인)이 분노하며 이웃을 악독하게 대하는 원인과 배경은 무엇이었을지 생각해 보십시오.

(3) 에베소서 4:28에 나타난 성도의 '노동 윤리'는 구체적으로 어떤 것들이며, 이것을 오늘의 교회와 성도에게 어떻게 적용할 수 있을까요?

(4) 성도의 '인내'는 단순히 화를 참는 것이 아닙니다. 그렇다면 그것은 무엇을 의미할까요(엡 4:31-32; 롬 5:3-4 참조)?

(5) 본문과 참고 분문을 통해 나에게 적용할 수 있는 교훈과 실천적 과제는 무엇입니까?

칠죄종 5

음욕

SEPTEM PECCATA CAPITALES

너희 중에 심지어 음행이 있다 함을 들으니 그런 음행은 이방인 중에서도 없는 것이라 누가 그 아버지의 아내를 취하였다 하는도다 그리하고도 너희가 오히려 교만하여져서 어찌하여 통한히 여기지 아니하고 그 일 행한 자를 너희 중에서 쫓아내지 아니하였느냐 내가 실로 몸으로는 떠나 있으나 영으로는 함께 있어서 거기 있는 것같이 이런 일 행한 자를 이미 판단하였노라 주 예수의 이름으로 너희가 내 영과 함께 모여서 우리 주 예수의 능력으로 이런 자를 사탄에게 내주었으니 이는 육신은 멸하고 영은 주 예수의 날에 구원을 받게 하려 함이라 너희가 자랑하는 것이 옳지 아니하도다 적은 누룩이 온 덩어리에 퍼지는 것을 알지 못하느냐 너희는 누룩 없는 자인데 새 덩어리가 되기 위하여 묵은 누룩을 내버리라 우리의 유월절 양 곧 그리스도께서 희생되셨느니라 이러므로 우리가 명절을 지키되 묵은 누룩으로도 말고 악하고 악의에 찬 누룩으로도 말고 누룩이 없이 오직 순전함과 진실함의 떡으로 하자 내가 너희에게 쓴 편지에 음행하는 자들을 사귀지 말라 하였거니와 이 말은 이 세상의 음행하는 자들이나 탐하는 자들이나 속여 빼앗는 자들이나 우상 숭배하는 자들을 도무지 사귀지 말라 하는 것이 아니니 만일 그리하려면 너희가 세상 밖으로 나가야 할 것이라 이제 내가 너희에게 쓴 것은 만일 어떤 형제라 일컫는 자가 음행하거나 탐욕을 부리거나 우상 숭배를 하거나 모욕하거나 술 취하거나 속여 빼앗거든 사귀지도 말고 그런 자와는 함께 먹지도 말라 함이라 밖에 있는 사람들을 판단하는 것이야 내게 무슨 상관이 있으리요마는 교회 안에 있는 사람들이야 너희가 판단하지 아니하랴 밖에 있는 사람들은 하나님이 심판하시려니와 이 악한 사람은 너희 중에서 내쫓으라

너희 중에 누가 다른 이와 더불어 다툼이 있는데 구태여 불의한 자들 앞에서 고발하고 성도 앞에서 하지 아니하느냐 성도가 세상을 판단할 것을 너희가 알

지 못하느냐 세상도 너희에게 판단을 받겠거든 지극히 작은 일 판단하기를 감당하지 못하겠느냐 우리가 천사를 판단할 것을 너희가 알지 못하느냐 그러하거든 하물며 세상 일이랴 그런즉 너희가 세상 사건이 있을 때에 교회에서 경히 여김을 받는 자들을 세우느냐 내가 너희를 부끄럽게 하려 하여 이 말을 하노니 너희 가운데 그 형제간의 일을 판단할 만한 지혜 있는 자가 이같이 하나도 없느냐 형제가 형제와 더불어 고발할 뿐더러 믿지 아니하는 자들 앞에서 하느냐 너희가 피차 고발함으로 너희 가운데 이미 뚜렷한 허물이 있나니 차라리 불의를 당하는 것이 낫지 아니하며 차라리 속는 것이 낫지 아니하냐 너희는 불의를 행하고 속이는구나 그는 너희 형제로다 불의한 자가 하나님의 나라를 유업으로 받지 못할 줄을 알지 못하느냐 미혹을 받지 말라 음행하는 자나 우상 숭배하는 자나 간음하는 자나 탐색하는 자나 남색하는 자나 도적이나 탐욕을 부리는 자나 술 취하는 자나 모욕하는 자나 속여 빼앗는 자들은 하나님의 나라를 유업으로 받지 못하리라 너희 중에 이와 같은 자들이 있더니 주 예수 그리스도의 이름과 우리 하나님의 성령 안에서 씻음과 거룩함과 의롭다 하심을 받았느니라 모든 것이 내게 가하나 다 유익한 것이 아니요 모든 것이 내게 가하나 내가 무엇에든지 얽매이지 아니하리라 음식은 배를 위하여 있고 배는 음식을 위하여 있으나 하나님은 이것저것을 다 폐하시리라 몸은 음란을 위하여 있지 않고 오직 주를 위하여 있으며 주는 몸을 위하여 계시느니라 하나님이 주를 다시 살리셨고 또한 그의 권능으로 우리를 다시 살리시리라 너희 몸이 그리스도의 지체인 줄을 알지 못하느냐 내가 그리스도의 지체를 가지고 창녀의 지체를 만들겠느냐 결코 그럴 수 없느니라 창녀와 합하는 자는 그와 한 몸인 줄을 알지 못하느냐 일렀으되 둘이 한 육체가 된다 하셨나니 주와 합하는 자는 한 영이니라 음행을 피하라 사람이 범하는 죄마다 몸 밖에 있거니와 음행하는 자는 자기 몸에 죄를 범하느니라 너희 몸은 너희가 하나님께로부터 받은바 너희 가운데 계신 성령의 전인 줄을 알지 못하느냐 너희는 너희 자신의 것이 아니라 값으로 산 것이 되었으니 그런즉 너희 몸으로 하나님께 영광을 돌리라

칠죄종 다섯 번째 항목
음욕(淫慾, Lust)

지금은 좀 덜합니다만, 한국 교회는 불과 일이십여 년 전까지만
해도 청소년들이나 청년들 상대로 특강이나 수련회 같은 곳에
서 '혼전 순결 서약' 같은 것을 했습니다. 결혼 전까지는 성관계
를 하지 않고 상대방 배우자에게 부끄럽지 않도록 순결한 몸을
지키겠다는 약속입니다.

그리고 그런 집회나 수련회에 강사로 오는 분들 중에는 혼전
성관계는 물론 포르노와 같은 음란한 영상을 보는 것, 자위 행
위, 심지어는 게임이나 만화 같은 세속 문화에 탐닉하는 것도
'음란한' 것이라고 경고하며(자신의 몸을 더럽히는 죄를 짓게 되므로)
일절 그런 것을 하지 않아야 '순결한' 성도가 될 수 있다고 강조
했습니다. 실제로 저 역시 학생부 시절에 이와 유사한 특강이나
설교를 적지 않게 들었습니다. 물론 지금도 여전히 저런 논지의
주장을 하는 이들은 존재합니다.

대개 보수적인 성향이 강한 교회들이 이러한 성적 순결을 강

조합니다. 그래서 성경에 나와 있는 성적 범죄에 대한 경고와 금지를 말 그대로 문자적으로 이해하다 보니 앞서 말한 것과 같은 해석과 적용을 하게 되고, 거기에 더해 한국 교회는 유교적 가부장제의 영향을 강하게 받아서 더더욱 성에 대해 보수적인 시각을 갖게 되었습니다.

물론 성에 대해 보수적인 관점을 갖는 것 자체가 나쁜 것은 아닙니다. 그러한 관점을 강조하는 나름대로의 이유들이 있기 때문입니다. 문제는 이런 성향이 한국 교회 내에서는 대개 여성들에게 폭력적으로 적용되는 경우가 많다는 점입니다. 그 이유는 여러 가지가 있겠지만, 한국 사회가 유교적 가부장제의 영향에서 아직 벗어나지를 못했고, 소수자들과 약자들에게 가혹한 태도를 보이는 사회적 성향이 강한 곳이기 때문입니다. 한국 교회 역시 이러한 사회적 환경의 영향을 많이 받았습니다.

대개 이렇게 '기울어진 운동장'과 같은 기준 때문에 교회 내에서 성적 억압이나 범죄의 잣대는 여러모로 여성들에게 가혹하게 적용됩니다. 흔한 몇 가지 예를 들자면, 여름에 더워도 여성들은 몸이 좀 더 드러나거나 짧은 옷을 입으면 안 되고(남자들이 시험(?)에 든다는 이유로), 혼전에 임신을 하게 되면 거의 여성에게 비난과 비판이 집중되고, 이혼을 하게 되면 여성은 그 교회에서 떠나야 하는 경우가 많고, 심지어 남성 목회자가 여성에게 성폭력을 가해도 당사자인 목사는 멀쩡히 지내는데 여성은 '꽃

뱀', 혹은 '교회를 무너뜨리려는 사탄의 하수인' 취급을 받거나 침묵을 강요당하거나 아예 교회에서 내쫓깁니다. 말도 안 되는 소리처럼 들리지만, 교회 내에서 흔하게 있었고 지금도 버젓이 존재하는 폭력적 언행들입니다.

이런 한국 교회 현장의 성(性)에 관한 이해들을 보면, 한국 교회는 기본적으로 성문제를 다음과 같이 이해합니다. 첫째, 성관계에 대한 부정적 시각, 둘째, 세상의 문화를 기본적으로 '음란'한 것으로 이해, 셋째, 성에 관한 담론 자체를 꺼려 하고 감추려는 경향, 넷째, 여성에게 가혹한 성적 잣대를 적용하고 여성 자체를 성적 대상화하는 경향 등입니다.

물론 가정과 결혼을 중요시하고, 특히 결혼과 관련하여 배우자 간의 약속(상대방 배우자에 대한 신실한 헌신)을 중요시하는[50] 차원에서 무분별한 성관계를 금지하고 제한하는 성경의 관점은 오늘날의 교회와 성도에게도 매우 중요합니다. 그럼에도 불구하고 오늘날 한국 교회 현장의 성에 대한 왜곡된 관점과 기준, 그리고 여성에게 일방적으로 불리하게 적용하는 방식[51]은 여러모로 위험합니다. 또한 이 때문에 한국 교회는 성에 관한 문제나

---

50 성경, 특히 토라에서 간음(배우자가 있는 자들의 성적 범죄)은 거의 대부분 사형에 처할 정도로 중대한 범죄입니다. 이는 결혼 서약(언약)을 깨고 하나님께서 제정하신 부부간의 관계를 깨뜨리고, 더 나아가 하나님 나라 공동체의 근간인 가정을 무너뜨리기 때문입니다.

51 이런 일은 비단 한국 교회에서만이 아니라 역사적으로 볼 때 서구 교회에서도 동일하게 있었습니다. 특히 종교 개혁 전의 로마 가톨릭교회에서는 훨씬 더 가혹한 성적 잣대를 여성들에게 적용했습니다. 이는 하와(여성)가 아담(남성)을 타락하게 만든 주된 원인 제공자이고, 더 죄에 빠지기 쉬운 존재라는 당시의 신학적 해석이 그게 작용한 결과라 할 수 있습니다.

왜곡된 성욕(음욕) 탓에 일어나는 문제를 성경과 상관없거나 심지어는 성경과 반대되는 방향으로 대처하려는 모습을 보이기도 합니다. 그렇기에 이를 반드시 바로잡아야 합니다.

칠죄종에서 '음욕'을 의미하는 라틴어 *Luxuria*는 영어로는 lust의 의미와 유사합니다. 이는 기본적으로 성적인 욕구(갈망)를 뜻합니다. 그런데 칠죄종에서 언급하는 '음욕'은 여기에서 더 나아가 실제로 욕구를 충족시키기 위한 행동(간음 혹은 음행)까지도 포괄하는 개념입니다.[52] 또한 부부 사이에서 허용되는 성적 관계가 아니라 불특정 다수가 대상인 경우도 포함하여 지칭합니다. 즉, 음욕은 단순히 성적인 욕구만을 말하는 것이 아니라 그것이 실제로 행동(결과)으로 나타나는 것까지를 의미하며, 성적인 욕구가 정상적인 것(부부 사이에 허용된)이 아니라 불법적이고 폭력적인 형태로 무분별하게 타인에게 표출되는 것을 의미합니다.

이 '음욕'은 '통제되지 않는 욕망'이기 때문에 위험합니다. 이것은 마치 마약처럼 사람을 중독시키며 결국 이성을 마비시킴으로 성적 쾌락에 빠지게 해 그것을 충족시키기 위해서는 무슨 짓이든 하게 만듭니다. 그리고 다른 중독들처럼 음욕 역시 시간이 지날수록 추구하는 쾌락의 강도가 강해지며, 그에 따른

---

[52] 성경에서 일반적으로 간음은 성범죄를 저지른 두 사람 중 어느 한쪽이라도 결혼한 경우에 일어난 성적 범죄를 의미하고(간통), 음행은 결혼을 하지 않은 사람들끼리 저지른 성적 범죄를 의미합니다. 다만 넓은 의미에서 간음도 음행이라고 표현하는 경우가 있습니다. 또한 우상 숭배와 관련된 범죄들도 음행으로 표현하는 경우가 종종 있습니다.

성범죄들의 수위 역시 끝없이 올라가게 됩니다. 따라서 칠죄종 '음욕'은 결국 개인은 물론 가정과 공동체, 더 나아가 사회와 국가를 무너뜨릴 수 있는 중대한 문제가 될 수 있는 죄를 의미합니다.[53]

다만 성적 충동과 음욕은 분명히 구분되어야 합니다. 성적인 충동(욕구) 자체는 성경에서도 결혼을 통해 공인된 배우자 사이에서는, 오히려 축복에 가까운 개념으로 권장됩니다(창 1:27-28).[54] 의학적으로도 성적 욕구는 식욕, 수면욕 등과 같이 자연스러운 인간의 본성에 해당합니다. 따라서 성적 욕구 자체를 죄악시하는 것은 잘못입니다.[55] 중요한 것은 '이 성적 욕구를 어떻게 절제하고 통제하는가'입니다.[56]

이 문제는 좁게는 개인의 건강하고 행복한 생활과 깊이 연관되어 있고, 넓게는 공동체와 사회의 안전하고 건전한 문화와도 관련이 있습니다. 개인이든 사회든 성적 기준과 문화가 오염되

---

53 실제로 많은 역사가들은 로마 제국이 쇠락하게 된 이유 중 하나로 성적 타락을 말합니다. 너무나 강력한 로마 제국의 힘 때문에 외적인 위협이 없어지자 내부의 귀족들과 부유층을 중심으로 성적 쾌락을 향유하는 문화가 너무 지나치게 발달하고 문란해져서 사회의 기강 자체가 무너지게 되었다는 것입니다.

54 하나님께서는 아담과 하와에게 "생육(生育)하고 번성(繁盛)하라"고 축복하셨는데, 이는 당연하게도 '성관계'를 전제로 하고 있기 때문입니다.

55 이는 한국 교계 내에서도 이단성이 강한 집단에서 자주 볼 수 있는 입장입니다. 심지어는 성적 욕구 자체를 귀신 들림의 현상과 증거라고 주장하는 곳들도 있습니다.

56 그럼 예수님의 말씀 "음욕을 품고 여자를 보는 자마다 마음에 이미 간음하였느니라"(마 5:28)는 어떻게 이해해야 하냐고 물을 수 있습니다. 그런데 이미 '음욕을 품었다'는 자체가 단순히 성적인 생각을 한 정도가 아니라 십계명에 이른 대로 '이웃(타인)의 아내를 탐내는' 것과 동일한 개념입니다. 따라서 그것이 행동으로 나타나 잡히기 전에도 이미 그 마음은 하나님 앞에 불의한 것임을 주님께서 말씀하신 것입니다. 더 나아가 설령 음욕이 행동으로 아직 연결되지 않았더라도 여성, 그것도 남의 아내를 자신의 성욕을 푸는 대상으로 여기는 것 자체가 악한 것임을 명시하신 것입니다.

고 타락하면(무분별하게 남용되면), 필연적으로 개인과 사회의 정상적인 생활과 유지가 불가능해지며 거기로부터 수많은 문제와 범죄가 파생되기 때문입니다.

초기 교회 공동체의 성에 관한 관점과 기준도 자신들의 역사, 사회적 배경인 로마 제국의 문화와 이 로마 제국이 형성되는 데 큰 영향을 끼친 헬라 문화(헬레니즘)의 영향을 받지 않을 수가 없었습니다. 따라서 칠죄종 '음욕'에 대한 이해 역시 초기 교회가 형성되던 당시의 지중해 사회, 즉 그레코-로만 사회의 역사와 사회적 배경 속에서 이해하는 것이 중요합니다.

특히 칠죄종에서 '음욕'을 칠주선 '순결'(純潔)의 부재에 따른 결과로 말하고 있는 것은 의미심장합니다. 보통 '순결'이라고 하면 우리는 '성적인 의미에서의 깨끗함'(성관계를 하지 않은, chastity)을 생각하기 쉽지만, 칠주선 '순결' 개념은 그보다는 '순전'(純全: 섞이지 않음, sincerity)의 의미에 가깝습니다. 따라서 초기 교회가 생각했던 '음욕'의 문제는 단순한 성욕에 관한 내용 이상의 의미가 있는 개념임을 짐작해 볼 수 있습니다.

이런 초기 교회의 성에 관한 독특한 관점과 해석이 있는, 칠죄종 '음욕'과 대척점에 있는 칠주선 '순결'의 개념을 설명하고 있는 가르침들을 신약 성경 곳곳에서 찾아볼 수 있지만, 그 가운데 이들의 의미를 적실하게 잘 설명하고 있는 성경 본문이 고린도전서입니다.

고린도전서의 배경과 특징

고린도전서는 고린도후서와 함께 고린도교회에 발생한 문제들에 대한 사도 바울의 책망과 권면이 기록된 서신서입니다. 고린도교회에 대한 기본적 소개와 역사적 배경은 앞서 서술한 칠죄종 '인색' 부분을 참고하시면 좋겠습니다. 다만 본문이 포함된 고린도전서를 이해하기 위한 고린도교회의 특징과 관련해서는 몇 가지를 더 살펴봐야 합니다.

우선, 주후 1세기 고린도의 특징을 알아야 합니다. 당시 고린도는 북쪽의 그리스 본토와 남쪽의 펠로폰네소스 반도를 연결하는 병목 지역(아드리아해와 에게해 사이)에 자리 잡고 있었습니다. 북쪽으로는 레카이온 항구가, 남쪽으로는 겐그레아 항구가 있어 그리스(헬라) 남북의 무역 및 군사적 요충지이기도 했습니다. 따라서 그리스로 들어가거나 나가는 무역과 교통량의 대부분은 고린도를 경유하게 되었습니다. 그러다 보니 고린도는 농사나 유목과 같은 전통적인 방식의 생업보다는 무역과 사업으로 부유해졌고, 그리고 이들을 위한 다양한 접객 문화가 발달하게 되었습니다.

고린도는 지역 특성상 다양한 인종들이 혼재한 도시였으며, 인구의 25% 이상이 노예로 구성된 빈부 격차가 극심한 지역이기도 했습니다. 주로 로마인들로 구성된 부유층은 매우 향락적이고 문란한 쾌락들을 즐겼습니다. 이로 말미암아 당시에 고린도 지역 평판은 좋지 않았습니다. 당시 문헌들을 참고해 보면, '고린도 사람처럼 산다'는 말은 '성적으로 문란하다'는 말과 거의 동일시되었고, 고린도의 젊은 여자들은 '창기'와 유사한 취급을 받기도 했습니다.

또한 고린도에는 다양한 인종의 구성 때문에 수많은 종교들이 혼재해 있었고, '고객'들을 유치하기 위해 신전들은 다양한 문화적 행사 및 자극적인 이벤트를 많이 열었습니다. 이런 많은 신들 가운데 고린도는 아프로디테 여신을 주신(主神)으로 숭배했습니다. 신전을 통해 각종 성적 환락과 음행이 '사랑'이라는 그럴 듯한 명분으로 둔갑하여 아름다운 행위로 포장되어 사람들에게 권장되곤 했습니다.

특히 아프로디테 여신과 관련된 축제들이 있는 경우 신전 여(女)사제들의 매춘 행위가 공식적으로 시행되기도 했습니다.[57] 이러한 문화적 배경에서 고린도 지역 사람들에게 '음욕'은 나쁜 것이 아니라 오히려 권장되는 감정이었으며 신(아프로디테)이 주는 선물이었습니다. 그래서 사람들은 별다른 죄의식 없이 다양

---

[57] 이는 구약의 아세라 여신 숭배와 유사한 부분이 있습니다. 고대 가나안 역시 아세라 여신의 신전이 있는 곳에서 축제 때에는 여(女)사제들, 심지어는 지역의 일반 여성들까지 신전에서의 제의적 행사로 신전을 찾아온 남성 참배객들과 성행위를 하는 일들이 있었습니다. 신과의 합일 내지는 교감을 성행위를 통해 이룬다는 제의적 의식은 매우 오래된 것으로, 심지어는 모세 시대에도 가나안 지역에 존재했던 풍습이었습니다(민 25:1-5 참조). 물론 이스라엘은 절대로 이런 행위를 하면 안 되었습니다.

한 성적 쾌락을 추구했습니다.

한편 고린도교회는 사도 바울과 깊은 관계가 있습니다. 그는 로마에서 추방당하여 고린도로 이미 와 있던 브리스가와 아굴라 부부와 함께 사역했습니다(행 18:2-3). 고린도전서에서도 이들에 대한 언급을 하고 있습니다(고전 16:19). 이들의 집을 기점으로 해서 그는 에베소로 떠날 때까지 고린도에서 선교 및 목회 활동을 했고, 그들이 에베소로 떠난 후 알렉산드리아 출신의 아볼로가 고린도에서 사역했습니다(행 18:24-28).

이렇듯 고린도교회는 사도 바울에게 중요한 곳이었기 때문에 그는 그들에게 여러 문제가 발생했다는 이야기를 들은 후 문제 해결을 위해 적극적으로 나섰을 것입니다. 실제로 그는 고린도교회의 문제를 해결하기 위해 최소 두 번(학자들 사이에서는 그보다 더 많은 서신을 보냈다고 보는 견해가 많음)[58]의 서신과 인편(人便)을 보냈는데, 다른 교회들에 보낸 서신 숫자보다 더 많았습니다. 이는 그만큼 그가 고린도교회에 많은 신경을 썼다는 증거가 됩니다.

사도 바울은 특히 고린도교회 내부에서 일어난 성적으로 문

---

[58] 정경에 포함된 고린도교회에 보낸 두 서신(고린도전후서) 외에 최소 두 개의 서신이 더 있다는 주장은 학자들 속에서 꾸준히 제기되었습니다. 이 경우 고린도전서 전에 보냈던 바울의 개인적 서신(고전 5:9)이 첫 번째 서신, 고린도전서가 두 번째 서신, 고린도후서 전에 보냈던 소위 '눈물의 편지'(고후 2:4; 7:8)가 세 번째 서신, 고린도후서가 네 번째 서신이 됩니다. 학자들에 따라서는 고후 10-13장을 독립된 서신으로 보는 경우가 있는데(고후 1-9장에 나온 내용이 고후 10-13장에는 이미 종결된 것으로 해석할 수 있는 부분이 있음), 이 경우 이 단락은 다섯 번째 서신이 됩니다.

란한 음행 사건(고전 5장)의 심각성을 지적하고, 이에 대해 교회의 즉각적인 치리를 요구하며 엄중하게 책망했습니다. 또한 교회가 금해야 할 각종 음행의 내용과 그 의미, 그리고 교회가 추구해야 할 순결의 가치에 대한 교훈을 길고 자세하게 다루었습니다.

그런 의미에서 로마서가 교회 내에 존재하는 이방인과 유대인 사이의 갈등을 조율하고자 했던 서신서라면, 고린도전서는 교회 속으로 들어와 교회를 어지럽히는 세상의 영향력 때문에 분열되고 변질되는 교회를 다시금 올바로 세우기 위한 서신서입니다.

고린도교회의 구성원들은 당시 고린도 사회의 구성원이 그랬듯이 다수의 빈민층(고전 1:26-31)과 소수의 부유층(고전 11:17-34)으로 조직되어 있었습니다. 게다가 여러 이방 민족의 종교와 문화적 사상들이 혼재한 공동체이도 했습니다. 교회 내에는 다양한 가치와 풍습들을 가지고 있는 그룹들이 존재했고, 그들은 각각 교회에 영향을 끼치고 있었습니다. 이는 오늘날 '다원주의 사회'에서 살아가고 있는 교회들의 상황과 유사하기도 합니다.[59]

그러나 교회는 각자가 가지고 있는 다양성과 입장들을 존중

---

59 다원주의(多元主義, Pluralism)는 각 개인 혹은 집단이 가지고 있는 다양성과 그에 따른 의견들을 존중하겠다는 사상을 말합니다. 특히 현대 사회는 급격하게 지구촌화(globalization)가 되면서 많은 인종과 문화들이 상호 간 영향을 주는 시대가 되었고, 이러한 상황 속에서 다원주의는 서로의 공존과 평화를 위한, 특히 민주주의가 갖는 정치적 의미를 충족시킬 수 있는 중요한 원칙이 되었습니다.

해 주는 곳이면서 다른 한편으로는 그 모든 것들이 하나님 나라의 가치 안에서 상호 간 조화와 일치(통일)를 이뤄야 하는 곳이기도 합니다. 특히 예수 그리스도를 머리로 하는 교회의 정체성은 어떤 문화나 가치보다도 우선하며, 어떤 문화나 가치라도 그리스도의 복음과 하나님 나라의 가치보다 우선시될 수 없습니다.[60]

따라서 사도 바울에게 당시 고린도 지역의 문화와 풍습으로 말미암아 고린도교회에 나타난 음행의 문제는 다양성이라는 이름으로 용납할 수 없는 중대한 범죄였습니다. 특히 교회는 결혼과 가정의 중요성을 강조하기에 이를 깨뜨리는 어떤 형태의 범죄(특히 간통을 포함한 성적 범죄)도 결코 허용할 수 없습니다.

사도 바울은 이 문제를 안이하게 생각하고 있는 고린도교회를 매우 엄중하게 문책했고, 이에 대해 교회의 빠른 치리(治理)를 요구하는 한편, 재발 방지를 위해 성도들에게 여러 권면들을 합니다. 교회의 치리는 기본적으로 죄를 지은 이들을 정죄하고 벌을 주는 데 목적이 있지 않고, 죄를 지은 이를 올바른 길로 돌이켜 결국 그를 회복시키고 다시 교회 공동체의 온전한 성도로 복귀하게 하는 데 목적이 있습니다. 그런데 그는 이례적으로 교회 내에서 음행한 사람을 아예 교회 공동체에서 추방하라고 명

---

60 이런 면에서 현대 교회, 특히 한국 교회는 성경과 역사적 교회의 가르침보다 현대의 각종 이념(ism)들, 특히 자본주의를 맹목적으로 추종하거나 이것을 교회 내에 끌어들여 성경적 인 것으로 둔갑시키는데, 이는 교회의 정체성을 상실시키는 매우 위험한 행위며, 더 나아 가 하나님과 적대하게 되는 무서운 배교(背敎) 행위가 됨을 알아야 합니다.

하고 있습니다(고전 5:13).

　이는 자신을 음해하고 피해를 입혔던 이들에게도 관용을 베풀고, 그들을 정죄하려는 이들에게 용납해 줄 것을 말했던 사도 바울의 모습을 생각할 때, 매우 엄격한 판결입니다. 이는 그만큼 그가 고린도교회에 일어난 음행의 문제를 심각하게 보았다는 증거입니다. 고린도전서 5장에는 그 내용에 대한 사도 바울의 입장과 이렇게 일을 처리한 이유가 잘 나타나 있습니다.

▌본문을 따라 생각해 보기
▌칠죄종 '음욕'과 칠주선 '순결'의 의미

고린도 지역의 아프로디테 숭배로 말미암은 그곳 사람들의 난잡한 성(性) 윤리는 현대는 물론 당대에도 다른 지역 사람들이 받아들이기 어려울 정도로 매우 문란했습니다. 이런 상황 속에서 고린도교회에서 일어난 성범죄, 즉 아버지의 아내를 취한 일(고전 5:1)과 이에 대한 과시(고전 5:2, 6)는 고린도교회 역시 이런 성적 문란함에 심각하게 물들어 있다는 정황을 보여 줍니다.

　물론 성욕이 없는 인간은 없지만(성욕 자체는 죄가 아님), 그 욕망(음욕)이 제약 없는 실제적 행동으로 이어지게 될 때 하나님 나라의 근간 가운데 하나인 가정과 결혼 제도가 붕괴되고, 이는 결국 공동체 전체의 붕괴로 이어지게 됩니다(고전 5:6). 또한 음행(무분별한 성관계)의 쾌락은 일종의 중독처럼 그 자신의 삶은 물론 가족(공동체) 전체를 파멸시킵니다. 성경은 이를 하나님 나라를 유업으로 받지 못하는(추방되는) 범죄로 규정하고 있습니다. 자신과 타인의 삶을 망가뜨리는 것이기 때문입니다(고전 6:9-10 참조).

그래서 사도 바울은 고린도교회에서 일어난 심각한 성범죄를 엄격히 금지하고 치리해야 함을 수차례 강조합니다(고전 5:3-5, 9, 11-13). 그가 이렇게 하는 것은 자신의 개인적 윤리관 때문이 아닙니다. 이미 성경이 이스라엘에게 가나안에서의 음행을 경계하며 레위기 18장과 20장을 통해[61] 성적 범죄에 대한 금지와 처벌을 강력하게 경고하고 있기 때문입니다. 고린도교회에게 준 사도 바울의 경책과 권면은 하나님 나라 백성에게 요구되는 성경적 성적 윤리 기준에 따른 것입니다.

이러한 중대한 성범죄가 일어났다는 것도 문제지만, 더 심각한 문제는 이런 일이 버젓이 밝혀졌음에도 범죄를 저지른 이가 부끄러워하거나 회개하기는커녕 아무런 처벌도 받지 않았고, 교회는 이런 범죄가 드러났음에도 오히려 그게 뭐 어떠냐고 아

---

[61] 레위기 18장은 당시 가나안 땅에서 일어나고 있던 다양한 성범죄들을 열거하고 있는데, 상당수가 근친상간에 해당할 정도로 당시 가나안 사람들의 성 윤리는 매우 문란했습니다. 그 외에도 강압적인 성관계, 불륜(간음, 이성뿐 아니라 동성 행위를 통한 불륜도 포함, 레 18:21-22), 수간(獸姦) 등과 같이 성적 쾌락(음욕)에 빠져 인륜을 저버린 행위들도 있었습니다. 레위기 20장에서는 이런 이들을 거의 대부분 사형에 처하라고 할 만큼 이 문제는 이스라엘에게 엄중했습니다.

무런 문제의식도 갖지 않았다는 것입니다(고전 5:2). 이것은 당대 고린도교회 성도들의 평균적인 성 윤리가 성경의 기준은 고사하고 다른 이방인들의 수준에도 미치지 못했다는 증거입니다(고전 5:1). 사도 바울은 이를 통탄했습니다.

이러한 사도 바울의 탄식과 분노를 오늘의 한국 교회 역시 심각하고 무겁게 들어야 합니다. 왜냐하면 고린도교회 못지않게 한국 교회 내에서도 결코 일어나서는 안 되는 성범죄가 숱하게 일어나고 있기 때문입니다. 특히 교회 지도자들이 일으킨 성범죄, 성도들 속에서도 일어나고 있는 온갖 불륜과 음행들이 하루가 멀다 하고 터지고 있는 것이 현실입니다. 더 심각한 문제는 이런 문제가 터져도 그 교회 지도자나 성도가 좀 힘이 있고 돈이 있으면 그냥 무마되거나, 노회나 총회 등 상회(上繪)에서도 치리는커녕 무죄 판결로 무마해 주거나, 아예 모른 척하고 재판에도 상정(上程)하지 않는 경우가 적지 않다는 것입니다.

이런 한국 교회의 심각한 성 윤리 수준과 대처를 보면 고린도교회보다 더 심각하면 심각했지 덜하지 않은 상황입니다. 그런데도 교회들은 이런 문제를 심각하게 생각하지도 않고, 그렇게 죄를 지은 자들을 그냥 받아들이며, 심지어 목사를 비롯한 직분을 그대로 존속시켜 주기도 합니다. 이런 곳에서 어떤 하나님의 역사와 은혜를 기대할 수가 있겠습니까? 구약의 이스라엘도 이런 죄들을 엄중하게 치리하고, 이런 죄를 지은 자들을 이스라엘 공동체로부터 엄격하게 격리하고자 했는데, 예수 그리스도의 복음을 믿고 따른다는 신약의 교회는 이보다 더 나아야 하지 않겠습니까? 교회의 각성과 회개가 반드시 있어야 하는 부분입니다.

오늘날 고린도교회의 문제라고 하면 보통 은사에 관한 다툼(고전 12장)이라고 알려져 있지만, 실제로 고린도전서를 보면 고린도교회의 일상 문제에 관한 질책과 권면이 훨씬 더 많은 비중을 차지하고 있습니다. 이는 그들이 사도 바울이나 아볼로, 베드로와 같이 뛰어난 지도자들에게 수준 높고 훌륭한 신학과 성경을 배운 것도 별 의미가 없었다는 반증이기도 합니다. 그들이 정말 제대로 된 복음을 듣고 회심했다면, 당연히 그들의 삶 역시 성령님을 통해 과거와는 다른 하나님 나라 백성에 합당한 삶을 살아가게 되는 것이 정상이자 자연스러운 일이었을 것입니다.

그러나 그들의 실제 삶은 성도는커녕 이방인들의 수준에도 미치지 못하는 저열하고 음란한 모습들이었습니다. 이는 훌륭한 신학과 올바른 지도자들이 교회에 무척 중요한 요소이지만 이것만으로는 교회가 온전케 될 수 없음을 보여 주는 대목입니다. 신학과 믿음, 그리고 삶은 떨어질 수 없이 연결되어 있습니다. 이것 중에 하나라도 빠지거나 부족하면 온전한 교회가 될 수 없음을 잘 보여 주는 교보재가 바로 고린도교회입니다.

고린도교회에서 일어난 이 음행 문제는 칠죄종 '음욕'이 어떤 것인지, 어떤 파급력을 교회에게 미치는지를 잘 보여 줍니다. 음욕을 다스리지 못하고 거기에 탐닉하게 된 사람이 생겼고, 이를 제대로 징치(懲治)하지 못하게 되자 이 문제는 교회 전체의 타락으로 번져 나갔습니다. 이에 대해 사도 바울은 다음과 같이 분명히 지적합니다.

여러분이 자랑하는 것은 좋지 않습니다. 여러분은 적은 누룩이 온 반죽을 부풀게 한다는 것을 알지 못합니까? 여러분은 새 반죽이 되기 위해서, 묵은 누룩을 깨끗이 치우십시오. 사실 여러분은 누룩이 들지 않은 사람들입니다. 우리들의 유월절 양이신 그리스도께서 희생되셨습니다. 그러므로 묵은 누룩, 곧 악의와 악독이라는 누룩을 넣은 빵으로 절기를 지키지 말고, 성실과 진실을 누룩으로 삼아 누룩 없이 빚은 빵으로 지킵시다 _고전 5:6-8, 새번역

사도 바울은 고린도교회를 타락시켰던 음욕으로 말미암은 음행을 '누룩'에 비유합니다. 누룩이란 효모(yeast)를 말하는 것으로, 본문을 포함한 성경 곳곳에서 비유, 특히 죄와 관련된 비유로 사용할 때에는 효모의 '부풀어 오르게 하는 성질'을 죄의 전염성에 빗대어 적용합니다. 즉, 사도 바울은 음욕이 교회 성도

들 전체를 오염시킬 수 있는 전염병과 같다고 말하고 있습니다.

음욕은 성욕에서 파생된 것이면서 동시에 파급력(전염성)이 강한 사회적 죄이기도 합니다. 그리고 이것은 한번 관성이 생기면(적응이 되면) 떨쳐 내기 무척 어려운 욕망이기도 합니다. 그래서 사도 바울은 '묵은 누룩', 즉 음욕을 따르던 과거의 악한 풍습 자체를 버리고 성실함(개역개정에서는 '순전'으로 번역되었고, 공동번역에서는 '순결'로 번역되었음)과 진실함이라는 '새로운 누룩'으로 삶의 기반 자체를 바꾸라고 권면합니다.

여기에 중요한 부분이 있습니다. 음욕에 따르는 음행을 버리기 위해 '성실과 진실'[62]로 마음을 채우라고 하는 부분입니다. 이것은 성적 유혹을 피하거나 음란한 문화를 근절하고 보지도 말 것을 요구하는 것도 아니고(고전 5:10 참조), 어떻게 보면 상관없는 엉뚱한 말을 하는 것 같기도 합니다. 그러나 이는 본문이 고린도교회의 음행 문제와 그 음행의 원인이 된 음욕 문제를 이해하고 있는 중요한 관점을 보여 줍니다.

왜냐하면 당시 고린도교회의 음행 문제는 단순한 성범죄 이상의 의미를 갖고 있기 때문입니다. 특히 이 죄를 저지른 이(아버지의 아내를 취한 사람)가 보여 주었던 교만한 모습과 과시적 태

---

62 이것은 토라에서 중요하게 언급하는 하나님의 성품이자 하나님 나라의 중요한 가치 가운데 하나인 히브리어 '에메트'의 구체적 의미입니다. 이 가운데 성실은 faithfulness, 즉 믿을 수 있는(신뢰할 수 있는) 성품을 말하며, 진실은 truth, 즉 참됨을 말하기도 하고, righteous, 즉 올바름을 말하기도 합니다. 그리고 이것은 하나님께서 이스라엘 공동체가 서로 지키며 살 것으로 강력하게 요구하신 것이기도 합니다.

도는 이 문제의 본질이 성욕 이상의 문제를 내포하고 있음을 의미합니다. 따라서 사도 바울 역시 고린도교회의 음행 문제를 성적 일탈로만 취급하지 않고 더 근본적인 부분을 말하고 있는 것입니다.

고린도교회에서 일어난 음행과 그 원인이 된 음욕의 본질을 들여다보면, 그것들은 당시의 사회 권력 문제와 밀접히 연결되어 있습니다. 로마 제국 영향 아래 있던 당시 상황에서 성적 피해자들은 대부분 약자였기 때문입니다(여성, 아동). 물론 이는 그보다 더 예전이나 심지어는 현대에도 성범죄의 중요한 원인이 됩니다. 강압적인 성범죄(성추행, 폭행, 강간)는 한쪽에 대한 신체적, 정신적 포박 후에 강제적으로 상대의 몸을 취하는 폭력적 행위가 그 근간이기 때문입니다. 실제 고린도 지역에서도 여성들의 상업적 성매매(심지어는 자발적 성매매까지)와 동성애[63]들이 딱히 죄악이라는 인식 없이 부유층을 중심으로 지역 전체에서 행해졌습니다(고전 6:9 참조).

이는 성범죄의 본질이 기본적으로 자기 육체의 쾌락을 만족시키기 위해 자신보다 약자인 이들을 힘으로든, 돈으로든, 협박

---

[63] 본문에서 언급하고 있는 '동성애'는 일차적으로 이미 결혼한 이성애자들이 자신들의 성적 쾌락을 위해 자신의 배우자가 아닌 동성인 사람들과 성관계를 하는 것(즉, 간음과 불륜)을 의미합니다. 물론 결혼을 벗어나서 동성과 성관계를 갖던 이성과 성관계를 갖던 동일한 범죄입니다. 따라서 본문의 '동성애'는 오늘날 현대 사회에서 '동성에게 호감을 갖고 연애 감정을 갖는 성향'(homosexuality)을 의미하는 '동성애'와 동일한 개념이 아니기에 해석과 적용에 세심한 주의가 필요합니다.

으로든, 아니면 세뇌로든[64] 굴복시켜서 결국 자신을 위한 성적 도구로 전락시키는 권력(위계)에 의한 것임을 보여 줍니다. 그 대상은 주로 사회적 신분이 낮고 힘이 없어 저항력이 낮은 여성, 미성년자들이었습니다.

성적 행위가 가정과 결혼이라는 제도를 벗어나서 행해질 때에는 매우 폭력적이고 약탈적인 범죄가 될 수 있습니다.[65] 이런 폭력에 노출되어 자신의 신체를 강압적으로 빼앗길 경우에는 그 사람의 육신은 물론 영혼까지 파괴되는 살인과 동등한(어쩌면 그 이상으로 잔인한) 결과를 가져올 수 있습니다. 따라서 공동체는 어떤 형태의 성범죄라도 묵인해서는 안 되며, 이는 공동체, 더 나아가 사회 전체의 올바른 존속을 위해 반드시 필요한 기준이 되어야 합니다.[66]

바울은 고린도교회 성도들에게 성욕을 없애라고 하지 않고 (그건 그 자체로 불가능합니다), 혹은 타락한 성 문화를 근절시키라고도 하지 않고, 그 대신 성도들의 마음 근간 자체를 바꾸라고

---

64 이것은 요즘에 사회적으로 문제가 되고 있는 소위 '가스라이팅'(gaslighting effect)과 유사한 개념입니다. 이는 상대방에게 계속해서 잘못된 정보를 반복적으로 주입시키고 상대방의 의지(자주성)를 무너뜨려 타인에게 의존하게 만드는 정신적 지배 행위를 말합니다.

65 일부 사람들은 사랑만 있으면 결혼하지 않아도 얼마든지 상호 합의하에 성행위가 가능하고, 이것이 자기 몸에 대한 자유로운 결정권이라고 말합니다. 그러나 성경은 자신의 몸이라고 마음대로 할 수 있는 것이 아님을 말합니다(고전 7:1-5 참조). 개인적으로는 성경의 가르침에 더해 무분별한 혼전 성행위가 육체적(의학적)으로도, 정신적으로도 많은 위험성을 안고 있으며, 훗날 혹시 결혼하게 된다면 자신의 배우자에 대한 배신 행위라고 봅니다. 그런 자신의 난잡한 과거를 다 정직하게 말하고 용서받은 후에 결혼하는 이들은 거의 없을 것이기 때문입니다.

66 전쟁과 재난 등으로 공권력과 질서가 무너진 곳에 거의 반드시라고 해도 과언이 아닐 만큼 일어나는 범죄가 성범죄입니다. 이는 음욕이 결코 사라지지 않으며 반드시 사회적으로 통제되어야 하는 어그러진 욕망임을 의미합니다.

말합니다. 또한 성실과 진실한 공동체, 즉 타인, 특히 약자와 소수자들을 자기 욕구를 만족시키는 상대로 보지 않도록 서로에게 신뢰를 줄 수 있는 안전한 공동체, 참되고 올바름을 지향하는 공동체가 될 것을 권면합니다.

그리고 이것이 바로 칠주선에서 말하고 있는 '순결'(순전)의 본질적 의미입니다. 초기 교회가 추구했던 '순결'은 단순히 결혼 전까지 성관계를 하지 않거나 성적으로 깨끗한 상태를 유지하는 것만이 아니라 성적 타락의 성향과 이에 따른 결과(성적 범죄)로부터 스스로를 분리(격리, 거룩의 본질적 개념 중 하나)시키는 것을 의미합니다(고전 5:11). 또한 세상의 성적 타락을 교회가 정죄하고 심판하라는 의미가 아니고(그것은 하나님의 영역), 그러한 사조에 섞이지 않고, 이를 교회 내에 용납하지 않는 것을 말합니다(고전 5:9-11). 더 나아가 공동체가 세상과는 달리 서로에게 안전하고 믿을 수 있는 곳(성실과 진실)임을 증명하는 것까지 포함합니다.

이는 성도 개인의 노력은 물론 교회 공동체 전체의 분명한 인식과 교회 내에 일어난 성범죄에 대한 단호한 대처가 함께 있어야 가능한 일입니다(고전 5:13). 한국 교회는 이 부분, 특히 지도자들의 성범죄에 매우 취약한 구조적 결함[67]을 가지고 있습니

---

[67] 유교적 가부장제에 가까운 목사가 가장 높고 강력한 권위와 권력을 쥐고 있는 교회의 구조와 질서, 그에 따른 목사의 신격화, 교주화 등이 주된 원인입니다. 이로 인해 남성 목사에게 성폭행을 당해 피해자가 된 여성이 오히려 가해자 혹은 원인 제공자로 몰려 보호는커녕 누명과 비난을 뒤집어쓰고 교회에서 축출되는 사례가 무척 많습니다. 또한 이런 일이 알려

다. 따라서 교회는 가해자들에 대한 엄중하고 즉각적인 치리(격리와 징치)와 함께 피해자를 보호하고 다시금 회복시키려는 노력을 하는 구조로 교회의 체제 자체를 바꿔야 하고 구성원들의 의식도 함께 변해야 합니다.

성도의 구원은 전인적(全人的)이어야 합니다(고전 6:12-20 참조). 따라서 영혼뿐만 아니라 육체도 구원(해방)받아야 합니다. 칠죄종 '음욕'은 육신(현실의 삶)을 파괴시키는 강력한 중독과 유혹입니다(고전 5:6). 결혼한 부부간에 허락된 범위를 넘어선 성적 범죄(간음 및 음행)와 약자들에 대한 성적 착취(폭행 및 강간)는 결국 그리스도와의 연합을 파괴하고 '창기'(타락한 음욕)의 노예가 되는 길입니다(고전 6:15-16). 그래서 교회는 이를 허용해서도, 방치해서도 안 됩니다.

반면에 교회가 추구해야 할 '순결'(음욕으로부터의 분리, 순전)은 여성만이 아니라 모든 성도와 교회가 지키고 지향해야 할 하나님 나라의 중요한 가치(약자, 결혼, 가정의 보호)이자 동시에 '옛 누룩'(세상의 쾌락)을 버리고 빠져나올 수 있는 '순전(신실)하고 진실한 누룩(떡)'입니다(고전 5:7-8). 세상은 계속해서 쾌락을 추구하고 음욕을 포기하지 않겠지만, 그 속에서도 누구에게나 믿을 수 있고 약자들을 안전하게 보호하는 '순전'한 곳으로 존재하는 올바른 교회는 많은 사람들의 피난처가 되어 줄 것입니다.

저도 공개하고 공론화하기는커녕 오히려 쉬쉬하고 덮어 버리려는 일도 적지 않습니다.

[좀 더 생각해 볼 질문들]

(1) 본문에서 사도 바울이 질책한 고린도교회 내부의 범죄와 이에 대한 고린도교회의 태도는 어떤 것이었습니까(고전 5:1-2)?

(2) 교회 내의 음욕에 따른 성적 범죄들이 무서운 이유는 무엇입니까(고전 5:6-7)?

(3) 음욕의 유혹과 쾌락에 빠지지 않는 성경적 대안은 구체적으로 무엇입니까? 그리고 이것이 대안이 될 수 있는 이유는 무엇일지 생각해 보십시오(고전 5:8).

(4) 교회 내부에서 음행 문제가 생겼을 때 어떻게 대처해야 합니까(고전 5:9, 12-13)?

(5) 본문과 참고 분문을 통해 나에게 적용할 수 있는 교훈과 실천적 과제는 무엇입니까?

칠죄종 6

탐욕

SEPTEM PECCATA CAPITALES

주요 본문: 디모데전서 6:3-10

누구든지 다른 교훈을 하며 바른 말 곧 우리 주 예수 그리스도의 말씀과 경건에 관한 교훈을 따르지 아니하면 그는 교만하여 아무것도 알지 못하고 변론과 언쟁을 좋아하는 자니 이로써 투기와 분쟁과 비방과 악한 생각이 나며 마음이 부패하여지고 진리를 잃어 버려 경건을 이익의 방도로 생각하는 자들의 다툼이 일어나느니라 그러나 자족하는 마음이 있으면 경건은 큰 이익이 되느니라 우리가 세상에 아무것도 가지고 온 것이 없으매 또한 아무것도 가지고 가지 못하리니 우리가 먹을 것과 입을 것이 있은즉 족한 줄로 알 것이니라 부하려 하는 자들은 시험과 올무와 여러 가지 어리석고 해로운 욕심에 떨어지나니 곧 사람으로 파멸과 멸망에 빠지게 하는 것이라 돈을 사랑함이 일만 악의 뿌리가 되나니 이것을 탐내는 자들은 미혹을 받아 믿음에서 떠나 많은 근심으로써 자기를 찔렀도다

참고 본문 ①: 이사야 58:1-8

크게 외치라 목소리를 아끼지 말라 네 목소리를 나팔같이 높여 내 백성에게 그들의 허물을, 야곱의 집에 그들의 죄를 알리라 그들이 날마다 나를 찾아 나의 길 알기를 즐거워함이 마치 공의를 행하여 그의 하나님의 규례를 저버리지 아니하는 나라 같아서 의로운 판단을 내게 구하며 하나님과 가까이하기를 즐거워하는도다 우리가 금식하되 어찌하여 주께서 보지 아니하시오며 우리가 마음을 괴롭게 하되 어찌하여 주께서 알아 주지 아니하시나이까 보라 너희가 금식하는 날에 오락을 구하며 온갖 일을 시키는도다 보라 너희가 금식하면서 논쟁하며 다투며 악한 주먹으로 치는도다 너희가 오늘 금식하는 것은 너희의 목소리를 상달하게 하려는 것이 아니니라 이것이 어찌 내가 기뻐하는 금식이 되겠으며 이것이 어찌 사람이 자기의 마음을 괴롭게 하는 날이 되겠느냐 그의 머리를 갈대같이 숙이고 굵은 베와 재를 펴는 것을 어찌 금식이라 하겠으며 여호와께 열납될 날이라 하겠느냐 내가 기뻐하는 금식은 흉악의 결박을 풀어 주며

멍에의 줄을 끌러 주며 압제 당하는 자를 자유하게 하며 모든 멍에를 꺾는 것이 아니겠느냐 또 주린 자에게 네 양식을 나누어 주며 유리하는 빈민을 집에 들이며 헐벗은 자를 보면 입히며 또 네 골육을 피하여 스스로 숨지 아니하는 것이 아니겠느냐 그리하면 네 빛이 새벽같이 비칠 것이며 네 치유가 급속할 것이며 네 공의가 네 앞에 행하고 여호와의 영광이 네 뒤에 호위하리니

참고 본문 ②: 디모데전서 6:11-21

오직 너 하나님의 사람아 이것들을 피하고 의와 경건과 믿음과 사랑과 인내와 온유를 따르며 믿음의 선한 싸움을 싸우라 영생을 취하라 이를 위하여 네가 부르심을 받았고 많은 증인 앞에서 선한 증언을 하였도다 만물을 살게 하신 하나님 앞과 본디오 빌라도를 향하여 선한 증언을 하신 그리스도 예수 앞에서 내가 너를 명하노니 우리 주 예수 그리스도께서 나타나실 때까지 흠도 없고 책망받을 것도 없이 이 명령을 지키라 기약이 이르면 하나님이 그의 나타나심을 보이시리니 하나님은 복되시고 유일하신 주권자이시며 만왕의 왕이시며 만주의 주시요 오직 그에게만 죽지 아니함이 있고 가까이 가지 못할 빛에 거하시고 어떤 사람도 보지 못하였고 또 볼 수 없는 이시니 그에게 존귀와 영원한 권능을 돌릴지어다 아멘 네가 이 세대에서 부한 자들을 명하여 마음을 높이지 말고 정함이 없는 재물에 소망을 두지 말고 오직 우리에게 모든 것을 후히 주사 누리게 하시는 하나님께 두며 선을 행하고 선한 사업을 많이 하고 나누어 주기를 좋아하며 너그러운 자가 되게 하라 이것이 장래에 자기를 위하여 좋은 터를 쌓아 참된 생명을 취하는 것이니라 디모데야 망령되고 헛된 말과 거짓된 지식의 반론을 피함으로 네게 부탁한 것을 지키라 이것을 따르는 사람들이 있어 믿음에서 벗어났느니라 은혜가 너희와 함께 있을지어다

칠죄종 여섯 번째 항목
탐욕(貪慾, Greed)

세간(世間)에서 보통 '7대 죄악'을 말할 때에 여섯 번째 항목은 탐식(貪食)입니다. 탐식(혹은 식탐)은 보통 먹을 것에 대한 욕심이 과도한 성향이나 상태를 말합니다. 많이 먹는 대식(大食)이나 과식(過食)과는 다른 개념입니다. 대식이나 과식은 먹는 양이 많거나 한꺼번에 많은 양을 먹는 것을 말합니다. 반면에 탐식 혹은 식탐은 음식 자체에 대한 게걸스러운 집착과 지속적인 욕망을 의미합니다. 따라서 단순히 음식 자체를 많이 먹는 것을 탐식이라고 하지는 않습니다.

그럼 탐식은 왜 생길까요? 여러 가지 원인이 있겠지만, 현대 의학에서 밝혀진 바로는 이 식탐이 일종의 정신적 문제, 특히 채워지지 않는 욕구 때문에 나타나는 현상일 수 있다고 합니다. 정말 배가 고파서가 아니라 먹는 행위를 통해 자신의 채워지지 않는 욕구를 대신 보상받으려는 심리적 문제가 많이 반영되어 나타나는 증상을 탐식(정확한 의미로는 폭식)이라고 보는 것입니다.

또한 일종의 강박증처럼 내가 남보다 더 많이 음식을 먹어야 만족하고, 다른 이들이 음식을 먹을 때 자신의 것을 강제로 빼앗기는 것 같은 기분을 견디지 못해 음식을 탐하는 경우도 있습니다. 이런 경우 탐식은 정신적 욕구, 즉 욕망이 표출되는 현상이라고 볼 수 있고, 이것이 사실 칠죄종 '탐식'의 의미에 가깝습니다.

칠죄종 목록에 다른 더 크고 중요한 죄악으로 보이는 것들을 제치고 '탐식'이 한 자리를 차지한 것 역시 그만한 의미가 있습니다. 초기 교회는 이 죄의 성향이 생각보다 교회 공동체에 미치는 영향이 크다고 이해했습니다. 실제로도 이 항목은 단순히 먹을 것에 관한 문제만을 다루고 있지 않습니다.

칠죄종 '탐식'에 해당하는 죄의 본래 명칭은 '탐욕'입니다. 이것이 세간으로 전해지는 과정에서 명칭이 탐식으로 바뀐 이유가 있습니다. 칠죄종 '탐욕'을 의미하는 라틴어 *Gula*는 영어로는 보통 gluttony로 번역됩니다. 이것이 '폭식', '탐식'을 의미하는 단어라 일반 대중에게 '탐식'으로 많이 알려지게 된 것입니다. 그런데 칠죄종에서 이 항목은 단순히 음식을 많이 먹고자 하는 것이 아니라 자신이 소유할 수 있는 것 이상으로 욕심부리는 것을 의미합니다(만족하지 못하는 상태).

'탐욕'이 '탐식'으로 이해된 것은 번역을 할 때 와전(訛傳)된 부분도 있지만, 중세 기독교의 역사적 정황(특히 수도원 신학의 영향)도 상당 부분 반영된 것이라 봅니다. 왜냐하면 서양의 초기 기독교 전통에서 '많이 먹는 것' 역시 탐욕의 일환으로 보았기 때문입니다. 한편 '탐욕'이 칠죄종 두 번째 항목인 '인색'과 혼동하여 사용되는 경우도 있는데, 그 부분에 대해서는 앞서 '인색' 장에서 설명을 드렸습니다.

'탐욕'이란 '만족 없이 끝없이 갈구하는 욕망'이라는 의미를 갖고 있는 단어입니다. 특히 재물(돈)에 관한 강한 집착과 욕망을 의미합니다. 다시 말해 칠죄종 '인색'이 남에게 베푸는 것을 아까워하고 자기 소유를 나누기 싫어하는 것이라면(다른 사람들을 그럴 만한 가치가 없는 하찮은 존재로 인식하기 때문), '탐욕'은 만족 없이 끊임없이 더 많은 것을 소유하고자 하는 욕망으로 칠죄종 맥락에서는 그 대상이 주로 재물에 해당합니다.

이 '탐욕'은 칠주선 '절제'(節制, moderation)의 부재로 나타나는 결과입니다. 따라서 '정도를 넘지 않도록 알맞게 조절하여 스스로 제한하는 것'이라는 절제의 사전적 의미를 고려한다면, 이 '절제'를 통해 적절하게 조절하고 제한해야 하는 대상은 재물이 됩니다. 이는 재물에 대한 절제가 사라지게 되는 곳에 탐욕의 잔치가 벌어지게 되는 것을 경계한 초기 교회의 해석이 반영된 것입니다.

세상에는 많은 종교가 있습니다만, 그중에 주류(major) 종교,

즉 사람들이 많이 믿고 찾는 대형 종교가 되기 위해서는 반드시 필요한 것들이 있습니다. 첫째로는 어떤 형태로든지 그 종교를 믿게 됨으로 받게 되는 내세에 대한 약속(천국, 극락 등과 같이 신실한 믿음을 가진 이들에게 약속된 이상향)이고, 둘째로는 이 세상에서 자신의 신을 잘 믿고 따르면 받게 되는 현세의 축복(성공, 건강, 권세, 재물 등과 같은 이 세상에서 잘 살기 위한 좋은 것들)입니다. 이것들이 없다면 그 종교를 믿는 사람이 없거나 매우 소수의 추종자만을 가지게 되는 비주류(minor) 종교로 전락하게 됩니다.

그런 의미에서 매우 중요하게 생각할 부분이 있습니다. 바로 '종교로서의 기독교는 어떤 의미가 있는가'입니다. 기독교는 '그리스도를 따르는 사람들의 모임', 즉 교회(에클레시아)가 기독교의 기원이라고 할 수 있습니다. 그런데 사도들은 물론 교회의 머리 되시는 예수님은 교회에 관하여 세상의 주류 종교들의 가르침과는 전혀 다른 이야기들을 하셨습니다.

때가 찼다. (죽어서 가는 좋은 곳이 아니라 이 세상으로 임하는) 하나님의 나라가 가까이 왔다. 회개하여라. 복음을 믿어라 _막 1:15, 새번역

부자가 하나님 나라에 들어가는 것보다 낙타가 바늘귀로 지나가는 것이 더 쉽다 _마 19:23-24, 새번역

너희는 하나님과 재물을 함께 섬길 수 없다 _눅 16:13, 새번역

놀랍게도 이런 예수님의 가르침을 예수님께서 친히 세우신 사도들과 예수님을 따랐던 제자들은 충실히 믿고 따랐으며, 교회의 초창기에는 더 많은 부와 재물을 얻기 위해 예수님을 믿기는커녕 자신들의 재물을 팔아 가난한 이들을 도우며 살았습니다(행 4:32-35). 이것은 세상의 일반적 종교들의 가르침과는 거의 정반대의 가르침이라 할 수 있습니다. 그래서 예수님은 자신의 가르침을 믿고 따르는 사람들이 오히려 소수고 많지 않을 것이라 말씀하셨습니다(마 7:13; 눅 13:22-23). 사실 이것이 진짜 교회의 모습이고 예수님의 복음을 듣고 따르는 사람들의 진정한 실체입니다.

그러나 기독교는 로마 제국의 정식 종교(주후 313년 콘스탄티누스 황제의 밀라노 칙령)가 되고, 뒤이어 로마 제국의 유일한 국교(주후 380년의 테오도시우스 황제의 국교 선포)가 되었습니다. 그 이후 성경이 기록하고 있는 초기 교회 시대 교회들의 본질, 즉 '그리스도인(성도, 제자)'들의 모습은 점차 상실되었고, 교회가 세상의 권력 중심에 서면서 이 땅의 권력과 재물에 점차 취하게 되었습니다.[68] 그리고 중세 이후의 기독교는 초기 교회 본래의 정신과 모

---

[68] 혹자는 이것이 로마 제국에 대한 기독교의 승리라고 말하기도 하지만, 사실 콘스탄티누스나 테오도시우스 같은 황제들이 기독교를 제국의 종교로 삼은 까닭은 기독교의 유일신 사상 체계에 황제를 예수 그리스도와 백성들 사이에 끼워 넣음으로써 황제에 대한 절대적 권위를 부여하고, 동시에 그리스도인들을 자신들 세력의 기틀로 삼아야겠다고 생각했기 때

습을 결국 회복하지 못하고, 세상의 주류 종교 중 하나로 바뀌고 말았습니다.

안타깝게도 중세 시대의 로마 가톨릭(천주교, 구교)은 물론 기독교의 또 다른 형제 종파라 할 수 있는 정교회, 그리고 이후 16세기 종교 개혁을 통해 새로운 종파가 된 개혁 교회(protestant, 신교) 역시 신학적 특징들은 각각 다를지라도 세상의 권력과 재물의 유혹으로부터는 근본적으로 벗어나지 못하고, 오히려 당시의 주류 권력층들과 긴밀한 관계를 맺으며 거기로부터 나오는 이익과 특권을 누렸다는 점에서는 별 다를 바가 없습니다.[69]

교회는 그 태생과 본질에 있어, 내세의 복과 현세의 복을 약속하는 세상의 주류 종교와는 전혀 다른 곳이었습니다. 특히 초기 교회는 세상 사람들의 일반적 가치와는 전혀 다른 예수님과 사도들이 전해 주신 '하나님 나라'를 믿고 그 가치를 지키고자 하는 사람들의 모임이었습니다. 그 가운데 초기 교회는 재물에 대한 탐욕을 강력하게 금하고, 부와 번영을 바라는 이들에게 오히려 회개하고 그 재물을 가난한 이들과 함께 나누고 살 것을

문입니다. 즉 정치적 목적이 컸습니다. 이는 장기적으로 기독교가 오히려 세속의 권력과 결탁하여 부패하게 된 원인이 되었습니다.

69 개혁 교회(신교)가 로마 가톨릭의 부패를 개혁하고자 했다는 점에서 교회의 정통성을 이어 받았다고 생각하는 사람들이 있습니다. 그러나 16세기 종교 개혁 당시에도 신교는 로마 가톨릭에 반기를 들고 대립하면서 가톨릭 체제의 교황과 왕들로부터 벗어나려는 신진 귀족들, 신흥 상공업자들의 세력과 손잡을 수밖에 없었고, 종교 개혁이 성공하여 신교가 자리를 잡은 이후로는 그 밀착도가 더욱 높아졌습니다. 그래서 신교는 어떤 면에서 가톨릭보다 더 돈(자본)과 가까운 종교가 되었습니다. 이는 오늘날의 한국 개신교회의 모습만 봐도 분명히 알 수 있는 부분입니다.

가르쳤습니다. 오늘날의 교회, 특히 주류 한국 교회의 모습과 다른 정도가 아니라 거의 반대의 모습이 바로 초기 교회가 보여준 재물에 대한 태도였습니다.

칠죄종 '탐욕' 항목은 바로 이러한 초기 교회의 중요한 가르침을 반영하고 있습니다. 칠죄종 '탐욕' 항목은 오늘날 상당수의 교회들이 포기하지 못하는 '이 땅의 썩어질 것(성공, 번영, 부귀)을 끊임없이 탐하는 욕구'의 위험과 그에 따른 무서운 결과에 대해 경고하고 있습니다. 디모데전서는 바로 이 교훈을 전해 주고 있습니다.

성경 속으로
디모데전서의 배경과 특징

디모데전서(그리고 디모데후서와 디도서)는 보통 '목회 서신'으로 분류되지만, 실제로는 이전 세대 교회가 다음 세대 교회에게 주는 교훈과 권면으로 보는 것이 바람직합니다. 1세대(예수님과 동시대 제자들)에서 2세대(사도들을 통해 복음을 전해 들은 제자들)로의 교회의 시대적 변화가 반영된 것이 디모데전서를 포함한 목회 서신들의 특징입니다.[70] 여기에는 초창기 교회가 가지고 있었던 신앙

---

[70] 목회 서신은 디도와 디모데라는 사도 바울의 중요한 두 제자에게 전달된 사도 바울의 권면

유산들 중에 어떤 것들을 전수받고 지키면서 다시 전해 줄 것인지에 대한 고민과 선택이 반영되어 있습니다. 본문은 그 가운데 초기 교회가 지향(指向)했던 '성도의 경건한 삶'의 본질에 관한 내용들, 특히 경제적인 윤리관을 다루고 있습니다.

디모데전서를 비롯하여 목회 서신으로 분류되는 세 권의 저자 문제와 기록 시기 및 기록 장소에 관한 논의는 다른 신약 성경들보다 훨씬 더 뜨겁고 치열한 편입니다. 다수의 현대 신약학자들은 목회 서신을 바울의 위명(僞名)서로 이해합니다. 왜냐하면 목회 서신의 문체, 신학적 주제, 역사적 정황이 분명한 바울 서신(로마서, 갈라디아서 등)의 그것들과는 큰 차이가 있기 때문입니다. 반면에 같은 목회 서신들끼리는 상당히 유사한 내용과 스타일을 공유하고 있기 때문에 다수의 학자들은 목회 서신의 실제 저자가 사도 바울은 아니더라도 한 명일 것으로 보고 있습니다. 사도 바울의 친필 기록을 주장하는 학자들도 디모데전서와 사도행전에 나타나 있는 사도 바울과 디모데와 관련된 서술이 일치하지 않는 부분은 인정하기 때문에 디모데전서의 내용이 최소한 사도행전 이후의 상황이라고 봅니다.[71]

이 당대 교회의 지도자들은 물론 후대의 교회들에게도 권위 있는 교훈이 된다는 의미를 갖는 성경입니다. 다만 다른 성경들이 그러하듯, 목회 서신에 있는 내용들 전부가 시대를 초월하여 문자적으로 지켜야 할 영원한 규범은 아닙니다. 중요한 것은 목회 서신의 시대적 배경인 1세기 후반(60년대 후반 혹은 80–90년대) 팔레스타인과 소아시아 지역에 자리 잡고 살아가던 교회들의 현실적 문제와 이에 대한 사도의 가르침의 본질이 무엇인지를 살피고, 이를 현대적 상황에 바르게 적용할 수 있는지를 잘 살펴보는 것입니다. 이것이 오늘의 교회들에게 주어진 과제입니다.

71 디모데전서에서는 사도 바울이 에베소에서 디모데와 함께 있었다가 그 자신이 마게도냐로

기록 시기와 관련해서는 위명서일 경우 가장 많은 학자들이 80-90년대 사이에 기록되었다고 봅니다. 간혹 2세기 초엽으로 보는 학자들도 있으나 소수 견해입니다. 반면에 사도 바울 본인이 기록했을 경우 가장 가능성이 높은 시기는 64-66년 사이(사도 바울의 제2 생애, 사도행전 28장 이후 생략된 사도 바울의 1차 투옥 이후부터 2차 투옥(순교)까지의 시기)입니다. 그리고 디모데전서라고 해서 디모데후서보다 빨리 기록된 것은 아닙니다. 전서와 후서의 기준은 글의 분량입니다.

기록 장소는 불명입니다. 디모데전서에는 기록 장소에 대한 어떤 구체적 정보도 없습니다. 이는 디모데전서가 특정한 장소(지역)와 관련된 서신이 아니라 보편적으로 모든 성도를 대상으로 하는 회람 서신임을 의미합니다. 그래서 디모데전서의 수신자가 본문 안에서는 디모데이지만, 실제 대상이 되는 1차 독자들은 주후 1세기 말엽 이후의 모든 교회들이라 할 수 있습니다. 특히 교회의 직제(職制)에 관한 기준, 교회를 흔드는 잘못된 이해들에 대한 강력한 경고들은 시대적 배경을 짐작하게 해 줍니다.

디모데는 디도와 함께 사도 바울의 직계 제자들 중 하나로 초기 교회의 중요한 지도자입니다. 디모데전서는 이런 사도 바

갔다고 하지만(딤전 1:3), 사도행전에서는 그 반대로 디모데가 먼저 마게도냐로 보내졌고 사도 바울이 아시아에서 머물렀다고 기록하고 있습니다(행 19:21-22).

울과 디모데의 관계를 통해 1세기 후반부터 본격적으로 형성된 교회의 직제와 지도자들에 대한 당대 교회들의 기준을 보여 주고 있습니다. 특히 윤리적 삶으로 드러나는 교회 지도자들의 경건한 믿음의 중요성을 강조하고 있습니다.

이와 같이 오늘의 교회에서도 지도자의 학력과 능력도 중요하겠지만, 그 무엇보다도 삶으로 검증된 올바르고 의롭고 진실한 지도자, 특히 돈과 권력에 대한 탐욕이 없고, 예수 그리스도의 교훈과 사도들의 가르침에 비춰 보았을 때 부끄러울 것이 없는 지도자들을 택해 세우는 것이 중요합니다. 이것이 가능하기 위해서는 성도와 교회들이 이러한 성경적 기준을 잘 이해하고 있고, 이러한 이들을 알아볼 수 있는 안목이 있어야 합니다. 조직 구성원들의 수준을 뛰어넘는 지도자가 배출되기는 어렵기 때문입니다. 그런 면에서 디모데전서를 비롯한 '목회 서신'들은 오늘의 교회에게 매우 좋은 기준이 됩니다.

디모데전서에는 신학적 문제에 대한 가르침도 있으나(특히 1장에 나오는 '다른 교훈(이단적 가르침)'에 대한 권면), 그보다는 당시 로마 제국 속에서 살아가야 할 교회의 방향과 기준에 관한 교훈들이 압도적으로 많습니다. 특히 각종 박해와 핍박에 직면한 교회들이 로마 제국 내에서 이를 어떻게 견뎌 내며 살아야 하는가가 중요한 내용을 이룹니다.

사도 바울이 디모데에게 말하고 있는 올바른 신앙의 모습은 삶 속에서 누구나 분명하고 쉽게 확인할 수 있는 신실함, 정직하고 순전한 마음, 이웃을 향한 사랑의 실천입니다. 이는 기독교의 복음이 사변적이지 않고 실천적임을 의미합니다.

기본적으로 디모데전서는 로마 정부와 비(非)그리스도인들에게 책망을 듣거나 비협조적 시민으로 낙인찍히지 않도록 그리스도인들에게 사회법을 잘 지키며 그들과 화평한 관계를 가지라고 권면하고 있습니다. 이는 유대인들과 로마 제국의 갈등이 첨예해지는 주후 70년대 이후에 로마 제국과의 불필요한 마찰 때문에 선교에 제약이 되는 것을 원치 않았던 초기 교회의 상황이 반영된 내용일 가능성이 높습니다.[72] 이전 세대(주후 60년대)에 네로 황제의 핍박을 경험했던 교회들 입장에서는 로마 제국 내에서의 교회의 위치와 입지를 더욱 고민했을 텐데, 디모데전서에는 이 부분에 대한 초기 교회의 신학적, 실천적 고민에 따른 결과들이 많이 반영되어 있습니다.

이 가운데 돈에 대한 탐욕을 금지하고 경계하는 것은 디모데전서에 나타난 초기 교회의 중요한 특징 중 하나입니다(딤전 6:10). 이는 교회의 주요 직분자들은 물론 교회 공동체 전체에게 보편적으로 주어진 교훈이기도 합니다. 사람들이 부(富)에 대한 탐욕과 집착 때문에 수많은 시험에 빠지게 되고, 그것이 결국 자신과 교회 공동체를 함께 위험에 빠뜨릴 수 있기 때문입니다

---

72 특히 딤전 2:8-12의 내용은 그러한 상황을 암시하고 있을 가능성이 높습니다.

(딤전 6:9-10). 그러한 '탐욕'을 피할 수 있는 교회 공동체의 덕목으로 제시된 것이 바로 '절제'입니다(딤전 6:6). 그리고 그 위에 의와 경건, 믿음과 사랑, 인내와 온유의 삶을 살 것을 권고합니다(딤전 6:11).

더불어 디모데전서 6장 17-19절은 구약 성경에서부터 강조된 하나님 나라의 기본적 정신에 관한 권면들입니다. 탐욕, 특히 불의한 재물에 대한 경고와 금지, 이 세상의 재물을 선을 행하고 나누는 일에 사용하라는 권고, 공공(公共)의 행복을 위하여 재정을 사용할 것에 대한 권면 등이 바로 그것입니다.[73] 다행히 최근 들어 이런 부분에 대한 관심이 한국 교회에도 조금씩 나타나고 있습니다만, 아직 대다수 교회 현장에서는 생소한 개념입니다.

디모데전서가 강조하고 있는 '탐욕'에 대한 경고와 교훈은 당시의 교회들에게도 중요했지만(로마 제국과는 구별된 교회의 거룩함을 보여 주는 중요한 표징이었기 때문), 오늘의 교회들에게도 마찬가지로 중요합니다. 요즘에는 당시보다 더욱더 돈(자본)의 권세와 위력이 막강하기 때문입니다. 따라서 부와 재물에 대한 탐욕 금지에 관한 디모데전서의 가르침은 오늘날에도 여전히 성경적이고 올바른 교회의 중요한 표징(기준)이 됩니다.

---

73 이를 현대 신학에서는 '공공신학'(public church, public theology)으로 분류합니다.

본문을 따라 생각해 보기
칠죄종 '탐욕'과 칠주선 '절제'의 의미

교회에는 예수님의 가르침인 복음과 하나님 나라에 대한 교훈 뿐 아니라 경건한(거룩한) 성도의 삶에 대한 가르침도 함께 있어야 합니다(딤전 6:3). 예수님께서 강조하시고 본인의 삶으로 보여주신 하나님 나라의 가장 중요한 가치인 '서로 사랑하는 삶'이 뒷받침되지 못하는 신앙은 별 의미가 없기 때문입니다. 그러한 신앙을 따르는 사람은 교만해져서 남을 비방하고 다툼만을 일삼다가 결국 부패하여 자신의 이익을 위해 경건을 악용합니다(딤전 6:4-5).

그런 측면에서 경건한 삶의 훈련은 예수님의 가르침에 순종하기 위해 자기 삶의 가치관을 변화시켜 가는 과정이라 할 수 있습니다. 보통 한국 교회에서는 많은 경우 '경건 훈련'을 성경 읽기나 정기적인 기도와 같은 종교적 규정들을 지키고 반복적으로 행하는 것으로 알고 있는데, 이는 오해입니다. 이보다 더 큰 오해는 이런 행위들의 반복을 자신이 더욱 잘되거나 복(상급)을 받기 위한 일종의 공적(功績)으로 생각하는 것입니다.

디모데전서에서 경건한 삶의 훈련은 결국 이 세상의 것들에 대한 자족(절제)을 위한 것으로 귀결됩니다. 특히 하나님 나라 가치와 반대되는 것들에 대한 절제를 위한 것입니다. 기도나 말씀을 읽고 묵상하는 것 역시 이러한 경건한 성도의 삶(성화의 삶)을 위한 과정의 일부입니다. 따라서 경건 훈련이란 하나님 나라의 가치에 맞는 삶을 살기 위해 이 세상이 좇는 가치와 기준들을 자신의 삶에서 떼어 내는 과정 전체를 의미합니다. 그렇기에 마음(신앙)과 경건(삶)은 분리될 수 없습니다. 이는 야고보서의 중요한 주제이기도 합니다.

이러한 경건 훈련을 통해 성도는 자신에게 필요한 최소한의 것 이상에 대한 탐욕을 포기하고, 그것에 휩쓸리거나 종속되지 않도록 적절한 때에 멈추는 것을 배우고 체화하게 됩니다. 초기 교회는 이를 매우 중요하게 생각했고, 그 가운데서도 '돈'(재물)에 대한 절제가 성도와 교회의 정체성을 지키는 데 엄청나게 중요함을 강조했습니다. 디모데전서 역시 이 부분을 분명하게 말하고 있습니다.

> 자족할 줄 아는 사람에게는, 경건은 큰 이득을 줍니다. 우리는 아무것도 세상에 가지고 오지 않았으므로, 아무것도 가지고 떠나갈 수 없습니다. 우리는 먹을 것과 입을 것이 있으면, 그것으로 만족해야 할 것입니다. 그러나 부자가 되기를 원하는 사람은, 유혹과 올무와 여러 가지 어리석고도 해로운 욕심에 떨어집니다. 이런 것들은 사람을 파멸과 멸망에 빠뜨립니다. 돈을 사랑하는 것이 모든 악의 뿌리입니다. 돈을 좇다가, 믿음에서

떠나 헤매기도 하고, 많은 고통을 겪기도 한 사람이 더러 있습
니다 _딤전 6:6-10, 새번역

아마 현대 주류 교회와 이런 교회들을 추종하는 사람들은 이
단락을 굉장히 싫어할 것입니다. 부자가 되기를 원하는 탐욕을
버리고, 먹을 것과 입을 것이 있으면 족한 줄로 알며,[74] 돈을 사
랑하는 탐욕은 모든 악의 뿌리(원인)가 되니 그것을 버리라고 하
는 권면이, 부와 번영이 하나님의 축복이라고 철썩같이 믿고 이
를 바라고 있는 이들에게는 그야말로 청천벽력 같은 소리이기
때문입니다. 그러나 이는 엄연한 사실이며 교회의 초창기부터
분명하게 고백하고 지켜 온 중요한 교회의 정체성이자 기준입
니다.

초기 교회는 재물에 대한 탐욕은 물론이고, 필수적인 일상,
즉 의(衣), 식(食), 주(住)의 영역에서도 지나친 사치를 금했습니
다. 특히 먹는 음식에 대한 부분에서 그랬습니다. 이는 사람의
생명을 유지하는 데 가장 필수적인 음식과 관련해서도 과도한
욕심을 부리지 않아야 한다는 교회의 신학적 해석에 기반한 것
입니다. 칠죄종 '탐욕'을 '탐식'으로 이해하게 된 것도 바로 이러

---

[74] 이것이 성경, 특히 디모데전서가 말하는 자족(절제) 개념의 본질입니다(딤전 6:6). 즉, 성
경이 말하는 자족은 단순히 자신의 상황에 만족하는 것을 넘어 남들보다 더 많은 것을 소
유하고 잘살고 싶은 번영에 대한 욕망 자체를 끊어 내라는 개념입니다. 그래야 재화(재물)
를 가난하고 어려운 이들과 함께 나누며 살아갈 수 있는 하나님의 '인애'(헤세드)를 실현할
수 있기 때문입니다.

한 교회의 관점, 특히 수도원 전통의 신학적 해석과 관련이 있습니다.

초기 기독교에서 중요한 경건 훈련 전통 중 하나가 금식이었습니다. 그리고 이와 관련된 전통이 소식(小食)이었습니다. 특히 서구 기독교의 수도원에서 이런 전통을 지향했습니다. 수도원을 중심으로 교회의 지도자들(사제들)과 수도승들은 비싼 식재료와 기름진 음식들을 피하고, 저렴하거나 직접 재배한 식재료을 사용하고 향신료가 최대한 배제된 간소한 음식 먹는 것을 지향했습니다. 그리고 정기적인 금식을 실시했습니다.

이는 당시의 역사적 정황과 관련이 있습니다. 그 시대에는 충분한 농작물을 수확할 수 있도록 뒷받침해 줄 농업 기술과 관련 산업이 거의 없었습니다. 따라서 자연 상황(홍수, 가뭄 등과 같은 재해)과 전쟁 같은 변수에 따라 수확물 양이 급변했습니다. 일반적으로 소작농이나 농노와 같은 하층민들은 만성적인 식량 부족에 시달렸습니다. 풍족히 수확한 때에도 많은 세금 탓에 수확량의 상당 부분을 빼앗겨 빠듯하게 살아야 했고, 재해나 전쟁으로 수확량이 줄어들면 그야말로 생계 자체가 막혀 버리는 경우도 많았습니다.

따라서 제국의 대부분을 차지하는 하층민들에게 배불리 먹는 것은 언제나 바라지만 이뤄지기는 어려운 소망이었습니다. 이러한 시대적 상황 속에서 상당수의 교회 지도자들은 소득이 있고 먹을 것이 있다고 해서 다수의 가난한 이웃들이 굶고 있는데도 자신들은 배부르게 많이 먹는 것을 죄악(탐욕)으로 여겼습니다. 그래서 되도록 많이 먹지 않는 것을 미덕으로 여겼고, 실제로 사제들과 수도승들을 중심으로 정기적 금식과 소식으로 확보한 재정을 가난한 이들을 돕는 용도로 사용했습니다.

아쉽게도 시간이 흐르면서 많은 재물(헌금)과 세금(종교세)으로 말미암아 교회들이 부유해졌고, 자연스레 바람직했던 교회의 모습들이 상실되고 탐욕스럽게 변질되면서 이런 좋은 전통들은 그 본래의 뜻을 잃어버렸습니다. 심지어 나중에는 금식의 형식만 남아 자신의 신앙을 과시하는 용도로나 악용되었습니다. 물론 과거와는 비교할 수 없을 만큼 먹을 것이 풍족한 시대에 이런 전통을 문자적으로 따라할 필요는 없겠지만, 이 정신, 다시 말해 자신의 재물을 아껴 가난한 이들과 나누는 정신만큼은 오늘의 교회들이 꼭 기억하고 다시 되살려 낼 수 있다면 좋겠습니다.

특히 금식에 관한 성경적 교훈과 의미를 다시 살려 내는 것은 단순히 가난한 사람들을 돕는 것 이상의 의미가 있습니다. 이 부분은 이사야서가 아주 적확하게 그 의미를 풀어서 설명하고 있습니다.

"내가 기뻐하는 금식은, 부당한 결박을 풀어 주는 것, 멍에의 줄을 끌러 주는 것, 압제받는 사람을 놓아 주는 것, 모든 멍에를 꺾어 버리는 것, 바로 이런 것들이 아니냐?” 또한 굶주린 사람에게 너의 먹거리를 나누어 주는 것, 떠도는 불쌍한 사람을 집에 맞아들이는 것이 아니겠느냐? 헐벗은 사람을 보았을 때에 그에게 옷을 입혀 주는 것, 너의 골육을 피하여 숨지 않는 것이 아니겠느냐? _사 58:6-7, 새번역

이사야서가 말하고 있는 성도의 올바른 금식은 첫째, 압제 속에서 고통당하는 사람들을 자유하게 하고(해방) 그들을 얽어매고 있는 속박(멍에)을 끊어 내는 것(자유)이며, 둘째, 헐벗고 굶주린 이들을 외면하지 않고 그들에게 실질적인 도움을 주는 것입니다. 즉, 성경이 말하는 금식은 자신을 겸손(겸비)하게 해서 자신의 삶 속에서 하나님의 ‘정의’와 ‘인애’의 가치를 실천하는 것을 말합니다. 이 부분은 신약 성경도 동일하게 강조합니다.

하나님 아버지께서 보시기에 깨끗하고 흠이 없는 경건은, 고난을 겪고 있는 고아들과 과부들을 돌보아 주며, 자기를 지켜서 세속에 물들지 않게 하는 것입니다 _약 1:27, 새번역

따라서 성경적 금식은 자신의 욕망을 절제하고 겸손한 마음으로 하나님의 뜻에 순복하며 그분을 따르는 신학적 의미(사

58:6)와 금식을 통해 절약한 재화를 가난한 이들과 함께 나누는 실천적 의미(사 58:7; 약 1:27)가 포함된 개념입니다. 그리고 이것은 탐욕에 물들지 않고 스스로를 절제(자족)하여 하나님의 뜻에 순종하며 살기를 힘썼던 초기 교회의 경건 형태이기도 했습니다.

그런 의미에서 현대 한국 교회에 일반적으로 퍼져 있는 금식(기도)에 대한 오해, 다시 말해 금식을 죽기 살기의 각오로 자신의 소원을 이루기 위한 주술적 행위로 이해하는 것은 결국 올바른 금식에 대한 교회의 가르침과 성경의 교훈을 왜곡한 결과입니다. 속히 시정해야 할 부분입니다.

사도 바울이 디모데전서 본문에서 돈에 대한 탐욕을 경계하고 금하며, 초기 교회들이 돈은 물론이고 심지어 먹는 것과 관련해서도 탐식을 경계하며 올바른 금식을 권장했던 이유는 이것이 교회를 무너뜨리고 변질시키는 온갖 유혹과 시험의 출발점(딤전 6:10)이 됨을 알고 있었기 때문입니다.

물론 이는 성도 개인에게도 동일하게 적용되는 기준입니다. 돈에 대한 집착과 소유욕은 하나님 나라의 기반인 믿음을 변질시키고, 결국에는 스스로를 파멸과 멸망으로 이끌기 때문입니다(딤전 6:9). 이는 예수님께서도 친히 분명하게 경고하신 바입니다(눅 12:13-21; 16:13).

탐욕은 마치 블랙홀과도 같습니다. 이 탐욕은 근본적으로 만족도, 한계도 없기 때문입니다. 얼마나 많은 것을 가져야 비로소 만족하고 더 이상의 것을 추구하지 않을까요? 그 질문에 대한 답은 없습니다. 탐욕은 그 탐욕을 품은 사람마저도 집어 삼켜야 멈추기 때문입니다. 게다가 탐욕은 그 욕망을 가진 사람은 물론, 그 주변에 있는 이들마저도 함께 불행하게 만듭니다. 특히 권력을 쥐고 있는 자가 부리는 탐욕은 더 많은 이들을 고통에 빠뜨릴 수 있습니다.

예를 들어 교회의 지도자인 목사가 탐욕에 사로잡히면 성도들에게 끊임없이 강제적인 헌금과 봉사를 요구합니다. 행복해야 할 신앙생활이 목사의 욕망을 실현시켜 주기 위한 고통스럽고 강제적인 규정으로 바뀌게 되어 성도들을 고통스럽게 만듭니다. 또한 나라의 지도자가 탐욕스럽다면 자신과 자신을 따르는 소수의 추종자들은 온갖 불법적 특혜와 지원으로 나라의 재정을 빼돌려 부유하게 되지만, 다수의 국민들, 특히 서민들과 약자들에게 지원하던 재정은 끊기거나 축소되고, 각종 세금과 물가는 높아지며, 나라의 부는 유출되어 국가 경쟁력은 급속도로 약해져서 많은 이들이 어려움에 처하게 됩니다.

사실 이런 것을 모르는 이는 거의 없습니다. 탐욕이 얼마나 위험한지, 그것이 결국 자신과 주변 사람들을 어떻게 망치는지 다들 잘 알고 있습니다. 그럼에도 이 탐욕이 사라지지 않는 것은 이것이 가지고 있는 어마어마한 위력과 구속력 때문입니다.

'나는 괜찮겠지, 나는 여기에 휩쓸리지 않을 거야'라고 다들 생각하지만, 탐욕의 노예로 살다가 자발적으로 이를 끊어 내고 나온 사람은 동서고금을 막론하고 거의 존재하지 않습니다. 심지어는 예수님도 물질에 대한 사탄의 유혹에 아예 처음부터 발을 들이지 않으셨습니다(마 4:8-11; 눅 4:5-8 참조). 그렇다면 교회와 성도도 마땅히 주님의 본을 따라야 할 것입니다.

예수님과 사도들이 공통적으로 강조하고 경계한 이 내용을 오늘날 상당수 교회는 무시하거나 오히려 역행하고 있습니다. 모든 종류의 탐욕이 대부분 죄와 연결됩니다만, 그중에서도 돈으로부터 파생되는 죄는 압도적입니다(딤전 6:10). 따라서 교회는 이에 대해 분명히 선을 긋고 그것을 절제해야 교회의 거룩함을 상실하지 않을 수 있습니다.

재물에 대한 탐욕과 하나님 나라가 공존할 수 없는 까닭은 하나님께서 이스라엘 지파 각각에게 땅의 경계를 한정 지어 주시고 그 지경(地境)을 넘지 말라고 하신 이유와 동일합니다(신 19:14). 내가 남들보다 더 많은 것을 갖고 누리고자 하는 탐욕은 결국 상대방에 대한 약탈과 압제로 이어지기 때문입니다.

공존과 환대를 통해 완성되는 평화(샬롬)의 세상은 한정된 세계의 재화를 독점하고 남보다 더 많이 가지려는 탐욕이 가득한 곳에서는 이뤄질 수 없습니다. 그래서 초기 교회는 하나님 나라를 소유하고 그 가치를 지키기 위해 탐욕에 물들지 않는 절제라는 '경건 훈련'을 선택했고, 더 나아가 서로 사랑하고 나누며 섬기는 용도로 물질을 사용했습니다. 이것은 칠주선 '절제'가 갖는 본질적 의미이자 지향점이기도 합니다.

분명히 말씀드리지만, 현대 자본주의 시스템 속에서 돈에 대한 욕망과 성경의 자족, 경건의 가치를 실현하며 서로 자신의 것을 대가 없이 나누고 돕는 하나님 나라는 양립이 근본적으로 불가능합니다. 따라서 현대 교회 역시 돈(에 대한 탐욕)이냐 하나님(의 나라)이냐를 주후 1세기의 초기 교회처럼 선택해야 합니다.[75]

초기 교회는 '맘몬(돈)'보다 훨씬 더 좋은 하나님 나라를 예수 그리스도 안에서 발견했고, 자신이 기존에 누리던 것을 기꺼이 모두 포기하면서까지 하나님 나라를 선택했습니다(마 13:44-46).[76] 이것이 먼저 가능해야 하나님께서 주시는 것에 만족하고 나머지 것들을 이웃과 함께 나누며 사는 자족과 경건의 삶도 가능해집니다. 지금의 한국 교회가 이러한 초기 교회가 누렸던 놀라운 축복과 기쁨을 회복할 수 있기를 바랍니다.

---

75 특히 정당하게 수고한 노력에 따른 올바른 소득이 아니라 불법적인 방법으로 다른 이들에게 손해를 끼치면서까지 이익을 누리는 투기나 고리대금 및 사기에 관련된 것에 성도는 절대로 손을 대서는 안 됩니다. 이것은 이미 성경이 금하는 악한 행위입니다.

76 이것은 유대인 사회와 로마 제국이라는 기존의 시스템 속에 잘 정착하여 살던 유대인과 이방인 성도 모두가 선택해야 했던 문제였습니다. 하나님 나라를 선택하는 순간, 기존의 세상(유대인 사회, 로마 제국)으로부터 배척과 위협을 받아야 했기 때문입니다.

[좀 더 생각해 볼 질문들]

(1) 본문은 교회와 성도가 타락하게 되는 원인이 무엇이라고 진단하고 있습니까(딤전 6:3-5)?

(2) 성도의 타락을 막기 위해 반드시 가져야 하는 경건 훈련은 어떤 것입니까(딤전 6:6-8)?

(3) 부에 대한 탐욕은 결국 어떤 결과를 초래합니까(딤전 6:9-10)?

(4) "돈을 사랑하는 것이 모든 악의 뿌리입니다"(딤전 6:10, 새번역)라는 경고는 현대 자본주의 사회를 살아가는 교회와 성도에게 구체적으로 어떤 의미가 있을지 생각해 보십시오.

(5) 본문과 참고 분문을 통해 나에게 적용할 수 있는 교훈과 실천적 과제는 무엇입니까?

나태

SEPTEM PECCATA CAPITALES

주요 본문: 데살로니가후서 3:6-15

형제들아 우리 주 예수 그리스도의 이름으로 너희를 명하노니 게으르게 행하고 우리에게서 받은 전통대로 행하지 아니하는 모든 형제에게서 떠나라 어떻게 우리를 본받아야 할지를 너희가 스스로 아나니 우리가 너희 가운데서 무질서하게 행하지 아니하며 누구에게서든지 음식을 값없이 먹지 않고 오직 수고하고 애써 주야로 일함은 너희 아무에게도 폐를 끼치지 아니하려 함이니 우리에게 권리가 없는 것이 아니요 오직 스스로 너희에게 본을 보여 우리를 본받게 하려 함이니라 우리가 너희와 함께 있을 때에도 너희에게 명하기를 누구든지 일하기 싫어하거든 먹지도 말게 하라 하였더니 우리가 들은즉 너희 가운데 게으르게 행하여 도무지 일하지 아니하고 일을 만들기만 하는 자들이 있다 하니 이런 자들에게 우리가 명하고 주 예수 그리스도 안에서 권하기를 조용히 일하여 자기 양식을 먹으라 하노라 형제들아 너희는 선을 행하다가 낙심하지 말라 누가 이 편지에 한 우리 말을 순종하지 아니하거든 그 사람을 지목하여 사귀지 말고 그로 하여금 부끄럽게 하라 그러나 원수와 같이 생각하지 말고 형제같이 권면하라

참고 본문 ①: 마태복음 25:24-30

한 달란트 받았던 자는 와서 이르되 주인이여 당신은 굳은 사람이라 심지 않은 데서 거두고 헤치지 않은 데서 모으는 줄을 내가 알았으므로 두려워하여 나가서 당신의 달란트를 땅에 감추어 두었었나이다 보소서 당신의 것을 가지셨나이다 그 주인이 대답하여 이르되 악하고 게으른 종아 나는 심지 않은 데서 거두고 헤치지 않은 데서 모으는 줄로 네가 알았느냐 그러면 네가 마땅히 내 돈을 취리하는 자들에게나 맡겼다가 내가 돌아와서 내 원금과 이자를 받게 하였을 것이니라 하고 그에게서 그 한 달란트를 빼앗아 열 달란트 가진 자에게 주라 무릇 있는 자는 받아 풍족하게 되고 없는 자는 그 있는 것까지 빼앗기리라 이 무익한 종을 바깥 어두운 데로 내쫓으라 거기서 슬피 울며 이를 갈리라

하나라

참고 본문 ②: 데살로니가전서 5:12-14

형제들아 우리가 너희에게 구하노니 너희 가운데서 수고하고 주 안에서 너희
를 다스리며 권하는 자들을 너희가 알고 그들의 역사로 말미암아 사랑 안에서
가장 귀히 여기며 너희끼리 화목하라 또 형제들아 너희를 권면하노니 게으른
자들을 권계하며 마음이 약한 자들을 격려하고 힘이 없는 자들을 붙들어 주며
모든 사람에게 오래 참으라

칠죄종 일곱 번째 항목
나태(懶怠, Sloth)

우리나라에서는 불과 수십 년 전만 해도 회사에 고용되어 계약을 맺고 일하는 노동자(勞動者)들을 근로자(勤勞者)라고 불렀습니다. 둘 다 같은 대상을 가리키는 용어지만 그 뉘앙스에는 상당한 차이가 있습니다. '노동자'에는 '노동력을 (회사에) 제공하고 그 대가를 받는 사람'이라는 의미가 있다면, '근로자'는 '회사 방침에 따라 적극적으로, 열심히 일하는 사람'이라는 의미가 강합니다. 즉, '노동자'에는 회사와 노동자가 상호 간의 계약에 따라 노동과 보수를 교환한다는 개념이 있다면, '근로자'에는 노동자가 회사에 종속되어 회사가 시키는 일을 열심히 해야 한다는 개념이 있습니다.

그게 그거 아니냐고 하실 분들도 있겠지만, 여기에는 노동자, 즉 일하는 사람에 대한 이해와 대우에 관한 문제에서 중요한 차이가 있습니다. 전자는 노동자가 비록 회사에 고용된 사람이기는 하나 그렇다고 회사에 종속된 존재는 아니라는 것을 부각하지만, 후자는 근로자가 이미 회사에 고용되어서 월급(대가)을 받는 사람이기에 회사의 명령에 따라야 하는 일종의 부품과도 같은 존재라는 이해를 전제하고 있기 때문입니다.

산업화 시대가 시작된 1960년대 이후 한국 사회에서 노동자들은 근로자, 아니 더 정확하게 말하면 근로자는 고사하고 거의 노비나 노예에 가까운 존재 취급을 받았습니다. 제대로 된 급여를 받지 못하는 것은 물론 복리 후생이나 인권 측면 관련해서 이루 말할 수 없는 천대와 부당한 대우를 받았습니다. 지금은 좀 사라졌지만 얼마 전까지만 해도 공장에서 일하는 이들을 '공돌이', '공순이'라고 조롱조로 불렀던 곳이 바로 한국 사회였습니다.[77]

1970년 11월에 있었던 전태일 열사의 분신 사고를 계기로 한국 노동 현장의 열악한 상황과 처우는 약간씩 개선되어 왔지만,[78] 아직도 여전히 노동 현장에서 노동자들의 처우는 적어도 우리나라가 포함된 '경제 협력 개발 기구'(OECD) 국가들 중에서는 매우 낮은 상황입니다. 게다가 지금은 같은 노동자들끼리도 정규직과 비정규직(계약직, 임시직, 파견직 등), 원청과 하청, 대기업과 중소기업 등으로 차등을 두고 차별하기까지 합니다. 그러

---

77 이는 사농공상(士農工商)을 구별하여 노동, 특히 육체 노동을 천시하던 유교적 잔재의 영향일 수도 있겠지만, 급작스러운 경제 발전으로 자본주의가 제대로 자리를 잡지 못한 채 무조건적으로 부를 숭상하고 부자와 가난한 사람을 계급으로 구분하고 가난한 사람을 천시하는 '천민자본주의'가 한국 사회를 점령한 영향이 컸습니다.

78 2020년 문재인 정부 때 비로소 전태일 열사의 공적을 공식으로 치하하고 그에게 무궁훈장을 추서(追敍)합니다.

다 보니 여성, 장애인과 같은 사회적 약자들의 노동자로서의 처우(處遇)는 더욱 열악한 상황입니다.

한국 사회가 겪었고 또 여전히 겪고 있는 문제를 서구 사회는 예전에 먼저 겪었습니다. 현재의 선진화된 서구 사회의 노동 문화는 갑자기 하늘에서 떨어진 것이거나 그들이 우월해서 이뤄진 것이 아닙니다. 서구 사회의 시민들이 우리보다 훨씬 오래전에, 우리보다 훨씬 오랜 시간 동안 그 문제를 겪으면서 권력자들, 자본가들과의 투쟁 속에서 얻어 낸 피와 눈물의 결과입니다.

칠죄종 '나태'와 칠주선 '근면'은 노동에 대한 서구 기독교 사회의 오래된 편견 때문에 현대에도 오해되고 있습니다. 주후 6세기, 칠죄종이 정식으로 선포된 후에 이 '나태'와 '근면'은 왕정 혹은 봉건제 사회에서 자신의 주인(왕 혹은 귀족)에게 속한 백성들이 가져야 할 일종의 경제 및 근로 윤리가 되었습니다. 이후 이 부분은 왕과 귀족을 위해 열심히 봉사하는 것이 백성들이 하늘(신)로부터 받은 사명(使命)이며, 이를 위반하는 것, 즉 주인의 명령을 어기고 열심히 일하지 않는 것(나태)은 죄악이라는 선전(propaganda)을 뒷받침하는 용도로 슬그머니 자리 잡았습니다. 이에 따라 주인의 명령을 제대로 따르지 않는 노동자는 '신의 명령'을 어긴 죄로 처벌할 수 있게 되었습니다.

이 개념은 한국 교회 현장에서도 자본주의 사회에서 '근로자'

가 해서는 안 될 '죄악'과 같은 것으로 종종 사용됩니다. 그 유명한 '일하기 싫은 자는 먹지도 말라!'는 격언의 출처가 되는 데살로니가후서의 말씀(살후 3:10)도 이런 맥락에서 자주 인용됩니다. 그러나 이는 초기 교회 시대에 '나태'라는 개념을 왜 죄악시했고 이를 금지했는지, 그리고 당시 교회는 이것을 어떤 의미로 받아들였는지에 관한 부분을 제외시키고, 당시(주후 6세기 이후)의 지배자들이 자신들의 쓸모에 맞게 그 의미와 적용을 바꾼 결과라 할 수 있습니다. 왜냐하면 성경과 초기 교회가 말하고 있는 '나태'의 문제는 단순히 노동자들의 노동 윤리에 관한 것을 말하고자 함이 아니라 그보다 훨씬 더 중요한 내용을 다루고 있기 때문입니다.

칠죄종에서 '나태'를 의미하는 라틴어 *Pigritia*는 사전적으로 sloth로 번역되며, 이는 '게으름'(특히 노동에 대한 거부)을 의미합니다. 한편 칠죄종 '나태'는 칠주선 '근면'(勤勉, diligence) 부재의 결과입니다.

앞서 말씀드린 대로 '근면'과 '나태'가 노동에 관한 개념으로 이해되는 경우가 일반적인데, 그렇게 적용할 수 있는 부분도 있겠지만 칠죄종 '나태'에는 그보다 중요한 의미가 있습니다. 소극적인 개인적 게으름(나태)이 아니라 적극적 거부, 더 나아가 고의적 훼방(태업)의 의미가 바로 그것입니다. 또한 이 내용들은 신약 성경에 나타난 '노동'에 대한 초기 교회의 이해가 무엇인지를 살펴보는 데도 중요한 배경이 됩니다.

그리고 칠죄종 '나태'의 대척점에 있는 칠주선 '근면' 역시 나태만큼이나 오해되는 경향이 있습니다. 칠죄종 '나태'가 단순히 노동에 대한 게으름만을 말하는 것이 아니듯, 칠주선 '근면' 역시 주인이 시키는 대로 그저 불평불만 없이 열심히 순종하여 일하는 것만을 의미하는 것도 아닙니다. 이 역시 오늘날 교회 현장에서 많이 오해하고 있는 부분입니다.

근면–순종에 관한 개념은 현대 한국 교회 특유의 수직적 구조와 질서 속에서 매우 심각하게 왜곡 사용되어 왔습니다. 제가 어릴 적부터 교회 생활을 하면서 정말 자주 들었던 말 중에 하나가 "주의 종(목사)에게 절대적으로 순종해야 한다"였습니다. 목사는 하나님께서 세우신 특별한 사자(使者)이므로 목사의 말은 곧 하나님의 뜻과도 같다는 해석이 목사들로부터 흘러나와 교회 전체를 지배했습니다. 물론 터무니없는 소리입니다. 그러나 많은 성도들은 특별한 의심 없이(의심하면 믿음이 없는 사람 취급을 받았음으로) 복도 받고 화도 피하기 위해 그 말을 하나님의 말씀처럼 받아들였습니다.

시간이 지날수록 이러한 교회 구조–목사가 사제(shaman)화(化)되고 일반 백성들은 그의 말에 절대 순종해야 하는 시스템–는 고착화되었고, 결국 목사가 시키는 일에 대해서는 두말하지 않고 부지런히 따르는 것이 미덕이 되었습니다. 그러다 보니 '순종'에는 '근면'의 개념이 추가되었고, 거기에 더해 '불평하거나 의심을 갖지 않고 무조건적으로 따르는 것'[79]이라는 개념까지 더해졌습니다. 그 결과 성도의 이상적 교회 생활은 주의 종의 말씀에 토 달지 않고 불평불만 없이 감사하며 열심히 순종하는 것이 되었습니다. 그것이 지난 20세기 교파와 교단을 불문한 한국 교회의 일반적 모습이었음은 부인할 수 없는 사실입니다.

그런데 이러한 한국 교회의 현재 모습은 과거 서구 기독교의 모습이기도 했습니다. 그때에도 교회는 일반 백성(성도)들에게 사제와 교황을 향한 그런 모습을 종용(慫慂)했고, 이것에 의구심을 품거나 저항하면 곧바로 '사탄의 종자'로 낙인찍고 이단 혹은 배교자로 축출했습니다. 이렇듯 권력자의 명령에 순종하는 것(근면)이 신의 뜻인데, 이것을 거부하고 순종하지 않는 것은 심각한 죄악(나태)이라고 정죄해서 백성들을 공포로 위협했습니다. 이것만큼 쉽고 편리한 통치 방법이 없었기 때문입니다.

하지만 초기 교회와 성경이 말하고 있는 '나태'와 '근면' 개념은 이러한 것과는 거의 상관이 없습니다. 오히려 성경은 노동자들과 같은 당대의 약자들을 억압하거나 약탈하지 말 것을 엄중

---

[79] 이러한 의미를 나타내는 단어는 따로 있습니다. 바로 '맹신'(盲信)입니다. 지난 20세기까지의 한국 교회에서 신앙은 맹신의 개념에 가까웠습니다. 그러나 개혁 교회 신학의 가장 기본 개념 중 하나가 '이해에 근거한 신앙'입니다. 그렇다면 한국 교회는 올바른 개혁 교회가 아니었고, 덮어놓고 믿는 잘못된 형태의 신앙생활을 매우 오랫동안 해 왔다는 말이 됩니다. 앞으로 반드시 청산해야 할 한국 교회 잘못들 중 하나입니다.

히 경고합니다. 구약과 신약을 막론하고 성경은 가난한 자들을 압제하고 그들의 정당한 노동의 대가를 가로채는 '부자'들에게 하나님의 진노의 심판이 있을 것임을 경고합니다.

앞으로 살펴볼 칠죄종 '나태'와 칠주선 '근면'은 교회의 중요한 신학적 정체성과 관련이 깊은 개념입니다. 특히 노동에 대한 성경적 가르침으로 잘 알려져 있는 데살로니가후서 3장은 성경과 초기 교회가 말하고 해석하고 있는 '나태'와 '근면' 개념에 대한 중요한 내용을 담고 있습니다.

성경 속으로
데살로니가후서의 배경과 특징

데살로니가후서는 데살로니가전서와는 달리 사도 바울의 직접 저작이 아니라 사후에 그의 제자 혹은 학파에 의해 편찬되었을 가능성이 높은 성경으로 많은 학자들이 이해합니다. 데살로니가전서와 많은 유사점이 존재하고 신학적 주제도 상당 부분 이어받고 있지만(특히 살전 5장과의 연관성), 실제로는 1세기 말엽에 기록된, 사도 바울의 이름으로 편찬된 위명 서신(제2 바울 서신)일 가능성이 높습니다.[80]

---

80 데살로니가후서에는 데살로니가전서에 나타난 사도 바울의 신학 사상이 그대로 나타나

데살로니가후서가 위명서일 경우 이 서신서가 기록된 역사적 배경은 묵시적 종말론과 이에 대한 열정이 뜨겁던 주후 1세기 말엽일 가능성이 높습니다. 2세기 중반 이전에 이미 마르시온과 폴리캅과 같은 인물들이 데살로니가후서의 존재를 알고 있었기 때문에 데살로니가후서는 그 이전에 기록되었다고 봐야 합니다.[81]

데살로니가후서에 나타난 묵시[82]적 종말(그리스도의 재림)에 대한 기대치가 높고(그로 말미암은 사회적 혼란의 가중), 또 로마 제국과의 갈등이 점차 가시화되고 있는 정황은 1세기 말엽의 뚜렷한 특징입니다.[83] 이로 말미암아 종말에 대한 과도한 기대 혹은 두려움으로 현실 도피나 현실 부정의 모습들이 나타나고 있었습

있음에도 많은 학자들이 그 서신을 위명 서신으로 분류하는 이유는 데살로니가후서에 나타난 시대적 배경과 용어들이 1세기 후반(특히 말엽)의 것으로 보이기 때문입니다. 살후 3:17 같은 경우 사도 바울의 저작권을 암시하고 있는 것으로 보이지만, 이후에 나오는 '편지마다'라는 구절은 오히려 위명서일 가능성을 더 높여 주고 있습니다. 데살로니가후서보다 앞선 성경은 데살로니가전서밖에 없는데, 복수의 편지가 존재한다는 것은 앞뒤가 맞지 않기 때문입니다. 또한 살후 2:2에 나타난 '위조된 편지'에 대한 경고는 데살로니가후서의 역사적 정황이 상당히 후기임을 암시하고 있습니다. 무엇보다 데살로니가후서를 1세기 말엽에 작성된 것으로 보는 가장 큰 배경은 본문에 나타난 묵시적 종말론입니다. 이는 초기 바울 서신(데살로니가전서와 같은)에는 거의 나타나지 않는 시대적 특징입니다.

81 다만 바울이 직접 기록하였다면, 데살로니가전서가 기록된 주후 50/51년 직후인 52/53년일 가능성이 가장 높습니다.

82 '묵시'란 종말에 관한 개념 중 하나로 일반적으로는 '현재의 불완전하고 불평등한 세상은 사라지고 새롭게 나타날 세상에 관한 비밀스러운 내용'을 의미합니다. 이런 묵시 사상은 세계 어디서나 다양한 형태로 나타났습니다. 1세기 말엽의 로마 제국 내 그리스도인들에게도 이런 묵시적 종말론이 유행했는데, 그중에 하나이자 유명했던 것이 예수님의 재림이 70년의 예루살렘 멸망 후에 머지않아 이뤄질 것이라는 풍문이었습니다. 복음서에 나타난 예수님의 종말론에 관한 말씀을 오해한 것이었지만, 당시 유대계 그리스도인들을 중심으로 이런 기대치가 꽤 높았습니다. 이는 2세기 들어 로마 제국의 지배 시스템이 안정화되면서 대부분 사라졌습니다.

83 만약 데살로니가후서가 제1 바울 서신일 경우 네로 황제 치하 때 있었던 핍박과 이로 말미암은 혼란한 시대가 배경일 가능성이 높습니다.

니다. 데살로니가후서는 이런 상황에 있던 교회 공동체에게 성경적 종말론에 관한 교훈과 교회가 보여야 할 올바른 삶의 태도에 대한 권면을 주로 기록하고 있습니다.

90년대 이후(유대교와 기독교가 분리되고 본격적으로 로마 제국의 노골적인 압박과 핍박이 시작되는 시기)[84] 강화된 로마 황제 숭배 강요와 로마 제국의 핍박 및 유대 사회에서의 추방을 경험하게 된 교회와 그리스도인들은 요한계시록 내에 언급된 역사적 상황 속에서 살게 되었습니다.

당시의 유대교 사회가 그러했듯, 그리스도인들 역시 묵시적 종말론 사상에 큰 영향을 받고 있었습니다. 특히 그리스도의 재림에 대한 기대가 높았습니다. 이런 상황이 긍정적인 측면에서는 교회의 결집과 신앙의 열정을 높이는 결과를 가져왔지만, 부정적인 측면에서는 현실에 대한 부정 내지는 도피 현상을 초래하기도 했습니다.

이를 보건대 데살로니가후서의 1차 수신자는 신학적으로든, 신앙적으로든 종말론적 상황에 영향을 받고 있는 모든 지역의 교회들이라 할 수 있습니다. 데살로니가후서는 핍박과 환난이 본격적으로 시작되고 있고, 그에 따른 그리스도의 재림에 대한 기대가 최고조에 오른 1세기 말엽의 상황을 배경으로 하고 있

---

84 이 시기의 랍비 유대교는 공식적으로 그리스도인들(유대인들은 나사렛파로 호칭)을 '이단'으로 정죄했고, 유대교 회당에서 이들을 추방할 것을 결의했습니다.

습니다. 따라서 이런 시대적 변화 속에서 어려움에 처한 대부분의 교회들에게 보편적으로 적용될 수 있는 내용이 본문의 핵심을 이루고 있습니다.[85] 그러다 보니 데살로니가후서에는 바울의 개인적인 특성보다는 보편적 교훈과 일반적 특성이 더 많이 나타납니다. 이는 일반적으로 특정인의 권위를 빌려 보편적이고 중요한 내용들을 언급하는 위명서들의 전형적 특징이라 할 수 있습니다.

데살로니가후서는 데살로니가전서에 기록된 내용들을 상당수 재인용하면서[86] 그 의미들을 좀 더 구체적으로 설명하고 1세기 말의 정황 속에서 재적용할 수 있도록 의도하고 있습니다. 반면에 교훈을 주는 형식과 관련해서 데살로니가전서에는 사도가 직접적으로 교훈하고 권면하는 내용이 많은데, 데살로니가후서에는 권위 있는 가르침들을 강조하고 전통을 지킬 것을 호소하고 있는 부분이 많습니다.[87]

1세기 후반 로마 제국의 어려운 정치, 경제적 상황들과 서서히 증가하고 있던 제국과 유대 사회와 그리스도인들과의 갈등 아래에서 성도들 가운데 묵시적 종말론 사상(말세에 나타날 징조와

---

85 만일 데살로니가후서가 사도 바울 생전에 기록된 서신서라면, 주후 50년대의 혼란, 즉 네로의 핍박과 그리스도의 승천 이후 재림 시기에 대한 이견으로 혼란해진 교회 현장을 반영하고 있다고 볼 수 있습니다(데살로니가전서의 상황과 유사).

86 이런 유사성 때문에 데살로니가전서와 데살로니가후서를 모두 사도 바울의 친필 저작이라 보는 견해들도 있습니다.

87 이는 데살로니가후서가 위명서(제2 바울 서신)라는 중요한 증거가 됩니다.

표적들에 대한 다양한 견해)에 빠진 사람들이 나타났습니다. 이로 말미암아 일상생활을 포기하는 사람들이 생겼습니다(살후 2:1-3). 데살로니가후서는 이를 바로잡고 데살로니가전서에 나타났던 '임박한 종말'의 의미를 다시금 1세기 말의 사회적 상황에서 사도의 권위를 통해 권면합니다. 재림에 관한 잘못된 오해들이 계속해서 일어나고 있는 상황[88]에서 데살로니가전서에서 말하고 있는 사도 바울의 교훈(살전 4:13-5:11 참조)을 다시금 강조하여 교회들이 바른 종말에 대한 인식을 갖고 흔들리지 않도록 교훈해야 했을 것입니다.

묵시적 종말론에 근거한 왜곡되고 잘못된 재림 사상들이 나타나고 이와 관련한 여러 흉흉한 소문들이 돌고 있는 상황(살후 2:1-12 참조)에서 데살로니가후서는 '이전부터 그리스도와 사도를 통해 전해진 가르침과 교훈들을 기억하고, 잘못된 사상에 빠진 이들의 자극적 선동에 휘둘리지 말며, 일상을 신실하고 과거의 성도들과 같이 동일하게 살라'고 권면합니다. 이는 데살로니가후서가 가지고 있는 중요한 정경적 가치입니다. 특히 온갖 종류의 이단적 종말론이 득세하고 있는 한국 교회에게 데살로니가후서는 더욱 중요한 의미를 가집니다.

본래 종말론, 특히 자극적이고 선동적인 종말론은 사회가 혼

---

[88] 데살로니가 지역의 극심한 우상 숭배와 그에 따른 다양한 이방 사상이 교회 내로 들어와 영향을 주었을 것입니다.

란하고 경제적, 정치적으로 어려움에 처한 상황일 때 극성을 부리기 마련입니다. 한국 교계에서도 잊을 만하면 이런 사이비 종말론자들과 단체들이 교회와 성도를 미혹해 왔고, 그들은 지금도 여전히 존재합니다. 특히 극단적 세대주의를 바탕으로 한 이단 사상에 경도(傾倒)된 곳들, 대표적으로는 '신사도 운동'[89]에 영향을 받은 각종 단체와 교회들이 한국 교회에 심각한 문제를 일으키고 있습니다.

그런 의미에서 데살로니가후서는 한국 교회에 무엇이 올바른 성경적 종말론인지를 잘 알려 주는 지표와도 같습니다. 이는 매우 중요한데, 한국 교회 내에서 올바른 종말론을 잘 알려 주는 교회는 올바른 구원론을 잘 알려 주는 교회만큼이나 찾기가 쉽지 않은 것이 현실이기 때문입니다.

아마 교파를 막론하고 대다수의 일반 성도님들은 종말론 하면 휴거, 천년왕국, 아마겟돈 전쟁, 적그리스도와 유럽 통합, 666, 짐승의 표(예전에는 바코드, 요즘은 베리칩, 심지어 코로나 백신까지), 14만 4천 명, 백 투(back to) 예루살렘 등등의 말들을 떠올릴

---

[89] '신사도 운동'(New Apostolic Movement)이란 본래 성령의 역동적인 역사(보통 방언과 예언을 강조)를 동력으로 삼은 교회 성장 이론을 바탕으로 피터 와그너와 그의 동료들이(주로 직통 계시를 받았다는 자칭 '예언자'들) 정리하고 체계화한 새로운 교회 부흥에 관한 일련의 체계를 가리키는 용어입니다. 신사도 운동은 태생부터가 성경과 정통적인 교회의 가르침(교리와 신학)이 아니라 성령의 은사(카리스마)를 바탕으로 한 직통 계시 및 신의 뜻을 받았다는 자칭 '사도'들의 자의적인 성경 해석을 바탕으로 하고 있다 보니 당연하게도 온갖 사이비 이단 사상이 혼합된 불건전한 집단이 되었습니다. 그러나 이 사상은 한국 교회에 적지 않은 영향을 끼쳤고(특히 2000년대 이후), 지금도 종말론과 교회 부흥 운동과 관련해서 교파에 상관없이 많은 교회에 영향력을 끼치고 있습니다.

것입니다. 이런 용어들은 놀랍게도 정통적이고 역사적인 성경과 교회의 종말론과는 전혀 상관이 없습니다. 이것들은 20세기 이후에 본격적으로 등장한 극단적 세대주의자들로부터 나온 개념들입니다. 그런데 이런 것들을 '성경적 종말론'이라고 알고 있는 성도님들이 많고 심지어는 목회자들 중에서도 적지 않습니다. 그만큼 한국 교회 현장에서의 종말론 문제는 심각한 상황입니다.

이런 현실을 고려할 때 데살로니가후서 본문은 겉으로는 칠죄종 '나태'에 관한 교훈을 말하고 있는 것 같지만, 실제로는 초기 교회가 종말에 관한 잘못된 이해와 유혹으로 말미암아 혼란에 빠진 상황에서 예수님과 사도들이 가르쳐 주신 종말에 관한 올바른 관점과 그에 따른 적절한 삶의 태도를 말해 주고 있습니다. 이 내용들을 살펴보다 보면 칠죄종 '나태'가 생각보다 노동에 관한 단순한 윤리적 지침이 아닌 성경적 종말론과 관계된 초기 교회의 정리된 가르침과 더 깊은 연관이 있음도 알 수 있게 됩니다.

본문을 따라 생각해 보기
칠죄종 '나태'와 칠주선 '근면'의 의미

데살로니가후서는 신약 성경 내에서는 드물게 본문 거의 대부분이 종말에 관한 내용으로 채워져 있습니다. 그만큼 당시 교회들이 종말론에 관한 잘못된 가르침에 미혹되어 혼란을 겪고 있었음을 보여 주고 있고, 본서의 저자가 이 문제를 심각하게 생각하고 있음을 시사합니다. 특히 아주 간략하고 형식적인 안부(살후 1:1-2) 이후, 바로 본론으로 들어가며 예수 그리스도의 복음에 순종하지 않는 이들에 대한 강력한 경고(살후 1:1:8-12)가 이어지는 것은 당시 교회들이 잘못된 종말론을 전파하는 이들 때문에 그 기반이 위협을 받고 있는 상황임을 보여 줍니다. 그리고 이렇게 교회를 어지럽히고 잘못된 종말론을 퍼뜨리는 이들이 바로 본문에서 중요하게 언급하는 '게으르게 행하는 자들'(살후 3:6)과 동일한 이들입니다.

이 교회 내 '게으른 자들'은 데살로니가후서 전체의 정황을 고려했을 때, 또한 데살로니가전서와의 신학적 관계를 고려했을 때에도 단순히 일(노동)을 귀찮아 하고 싫어하는 사람들만을 말하는 것이 아닙니다. 본문의 '게으르게 행함'에는 뒤이어 나오는 "우리(사도들)에게서 받은 전통대로 행하지 아니하는"(살후 3:6)이라는 전제가 있기 때문입니다.

본래 올바른 성도는 사도들의 말(설교)과 편지(훗날 신약 성경이 되는 서신서들)를 통해 가르침을 받는 전통 위에 서 있어야 했습니다(살후 2:15). 따라서 본문에 나오는 '게으른 자들'이 보이는 게으름(나태)은 단순히 일(노동)하기 싫어하는 상태나 성품을 말하는 것이 아니라 그리스도의 복음과 하나님 나라의 가치와 기준을 거부하고, 이를 가르친 사도들의 교훈에 고의적으로 불순종하여 그 반대로 행동한다는 의미를 내포되어 있습니다. 즉, 교회 내에 존재하는 반(反, anti) 그리스도적 존재들이 바로 본문에 나오는 '게으른 자들'의 실체입니다.

이들은 일반 성도들일 수도 있겠지만, 본문의 정황상 교회의 지도자급 인물을 가리킬 확률이 높습니다. 이들은 다른 성도들에게 영향력을 끼치는 위치에 있기 때문입니다. 그들은 첫째, 사도들이 준 전통을 거부하고(살후 3:6), 둘째, 다른 성도들에게 대가를 지불하지 않고 음식을 먹으며(살후 3:8), 셋째, 자신들은 수고하지 않으면서 다른 일들만 만들고 다니는 사람들이었습니다(살후 3:11). 이렇듯 사도들의 권위와 가르침을 무시하고 다른 이들에게 영향력을 끼치려 한다는 것을 볼 때, 적어도 그들이 교회 내에서 사도들과 같은 교회 지도자들에게 맞설 만한 힘(권위)을 가지고 있을 가능성이 높습니다.

더불어 이 '게으른 자들'에는 잘못된 종말론에 빠져 정상적인 삶을 살지 않는 이들도 포함되어 있습니다. 이들은 사회에서 자신들이 감당해야 할 책무를 외면하고, 잘못된 종말론에 빠져 틈만 나면 교회에 나와 종교적인 행위만을 하려고 했습니다. 이런 자들은 교회 외부에서 오는 환난과 핍박보다 교회에게 훨씬 더 위험한 존재입니다. 실제로 교회가 외부의 환난과 핍박 때문에 망한 경우는 없습니다. 오히려 내부의 변질과 부패로 망하고 심판받은 일은 교회 역사에도, 그 이전의 이스라엘의 역사에도 숱하게 나옵니다.

이러한 '게으른 자들'이 보이는 '나태'의 의미를 구체적으로 생각해 보면, 첫째, 소극적으로는 성도에게 맡겨진 마땅한 직분과 책무를 거부(포기)하고 태업(怠業)하는 것입니다. 둘째, 적극적으로는 교회가 가르치고 지켜 온 예수 그리스도의 복음과 하나님 나라의 가치가 싫어 고의적으로 이를 훼방하는 것입니다(살후 3:11-12 참조). 즉, 자신들의 목적과 입맛에 맞게 교회를 바꾸려고 일부러 교회의 전통적 가르침과 사도들의 권위를 거부하는 고의적인 모습들이 바로 본문이 말하는 '게으름'(나태)의 본질입니다.

이들은 사도들의 가르침을 따르게 될 때 현실에서 받아야 할 불이익(환난과 핍박)이 싫었습니다. 또한 자신들이 원하는 종말론에 따라 교회를 자신의 입맛대로 바꾸기 위해 교회의 전통을 거부하고 고의적으로 불순종했습니다. 그러다 보니 자연스럽게 예수님의 교훈과 사도들의 가르침[90]에서 멀어지게 되었고 심지

---

90 사도의 가르침에 따른 '전통'(헬라어 파라도시스)은 사도들이 예수님께 물려받은 가르침을

어는 그 반대의 주장을 하며 교회와 성도들을 미혹하거나 부추겼습니다.

이들이 단순히 일하는 것 자체를 싫어하는 게으른 자들이 아니라는 것은 그들이 사도들의 가르침에 따른 교회의 올바른 전통은 거부하고 따르기 싫어했지만, 자신들이 하고 싶은 바와 관련한 일을 만들어 내는 것에는 부지런했다는 점을 통해 잘 알 수 있습니다(살후 3:7, 11참조).

이런 교회 내의 '게으른 자들'에 대한 중요한 비유가 복음서에 있습니다. 바로 그 유명한 '달란트 비유'(마 25:14-30)입니다. 잘 알려져 있듯이 달란트 비유에는 한 달란트를 땅에 묻어 둔 종이 나옵니다. 주인이 종들에게 자기 소유를 맡겼다가 돌아와서 종들과 결산할 때에 주인은 그 종의 '게으름'만 지적한 것이 아니라 '악함'까지도 지적했습니다. 그 종이 자신의 주인을 부당하고 불의한 사람이라고 생각했기 때문입니다.

> 그러나 한 달란트를 받은 사람은 다가와서 말하였다. "주인님,
> 나는, 주인이 굳은 분이시라, 심지 않은 데서 거두시고, 뿌리지

의미합니다. 이러한 전통은 문서와 구전 양쪽 모두를 통칭하는 개념입니다(살후 2:15). 어떤 조직이든 역사가 오래될수록 많은 '전통'들이 형성되고 그 전통은 또한 오래될수록 강력한 권위를 갖게 마련인데, 전통을 문자적으로 지키는 것이 중요한 것이 아니라 그 본래의 의미를 상실하지 않고 변질시키지 않는 것이 중요합니다. 그런 의미에서 데살로니가후서가 말하고 있는 '사도들의 전통'은 당대의 잘못된 종말론 때문에 변질된 신앙을 경계하고 사도 바울과 사도들이 전해 주었던 '그리스도의 복음'의 올바른 의미를 바로 믿고 지키는 것을 의미합니다.

않은 데서 모으시는 줄로 알고, 무서워하여 물러가서, 그 달란 트를 땅에 숨겨 두었습니다. 보십시오, 여기에 그 돈이 있으니, 받으십시오." 그러자 그의 주인이 그에게 말하였다. "악하고 게 으른 종아, 너는 내가 심지 않은 데서 거두고, 뿌리지 않은 데서 모으는 줄 알았다. 그렇다면, 너는 내 돈을 돈놀이 하는 사람에 게 맡겼어야 했다. 그랬더라면, 내가 와서, 내 돈에 이자를 붙여 받았을 것이다. 그에게서 그 한 달란트를 빼앗아서, 열 달란트 가진 사람에게 주어라. 가진 사람에게는 더 주어서 넘치게 하 고, 갖지 못한 사람에게서는 있는 것마저 빼앗을 것이다. 이 쓸 모없는 종을 바깥 어두운 데로 내쫓아라. 거기서 슬피 울며 이 를 가는 일이 있을 것이다." _마 25:24-30, 새번역

이 비유 속의 한 달란트 받은 종은 단순히 일하기 싫어 게으 름을 부린 것이 아니라 자신의 주인을 싫어했고 그의 뜻을 우습 게 여겼기 때문에 고의적으로 주인의 명을 듣지 않았습니다. 이 는 명백한 항명(抗命)이고 반역(反逆)입니다. 데살로니가후서는 이것을 '게으름'(나태)이라고 말하고 있는 것입니다. 따라서 이 '게으름'(나태)은 복음과 하나님 나라의 가치에 대해서는 태업(고 의적 거부)을 일삼고, 자신의 이익을 위해 불의한 일을 행하는 것 에는 열심을 내는 태도를 의미합니다.

성경에 있는 진짜 하나님 나라의 가치와 예수님께서 전해 주

신 복음을 싫어하고 그것을 거절하는 '한 달란트 받은 종'처럼 게으른(나태한) 자들은 오늘날의 교회 내에도 여전히 많습니다. 그들은 구약의 오경에 나타난 하나님 나라의 기준들, 예언자들이 강조하는 하나님의 성품들, 우리 주님이신 예수님의 복음의 내용과 공생애를 통해 보여 주신 삶의 교훈들, 그리고 사도들의 올바른 가르침과 교훈들을 무시하거나 거부하고, 자신들의 탐욕과 이익을 위해서는 자기 멋대로 성경도 왜곡하고 심지어는 바꿔 버리는 불의한 자들입니다. 심지어는 이들의 상당수가 교회의 지도자(목회자)들이거나 교회에 많은 영향력을 행사할 수 있는 직분자(장로, 안수집사, 권사 등)들입니다.

이런 자들도 문제이지만, 더 심각한 문제는 이런 '게으르고 나태한', 즉 하나님 나라를 거부하고 자신의 탐욕을 따라 제멋대로 사는 이들의 행동과 가르침에 환호하고 이들을 지지하는 이들입니다. 그들은 이런 '나태한' 지도자들의 언행이 자신들의 입맛에 더 마음에 들기 때문에 이들의 언행을 좋아하고 이들을 추종합니다. 그렇기 때문에 '게으른'(나태한) 자들이 교회 내에서 끊이지 않고 나타나 교회를 어지럽히는 것입니다(수요와 공급의 문제). 이것은 오늘날의 문제만은 아니고, 교회가 처음 이 땅에 세워질 때부터 있었던 문제였습니다.

이것은 사실 인간의 어그러진 탐욕과 불의함이 사라지지 않는 한, 즉 하나님 나라가 이 땅에 완전히 회복되지 않는 한 사라지지 않을 문제이기도 합니다. 타락한 인간의 본성으로는 남을 위해 희생하고 자신의 탐욕을 포기하고 하나님의 의로움과 인애함을 따르는 하나님 나라는 도무지 받아들일 수 없는 가치이기 때문입니다.

이런 불의하고 악하고 게으른(나태한) 지도자들이 교회를 어지럽히고 미혹하지 못하도록 성도들이 해야 할 일이 있습니다. 무엇보다 올바른 믿음 위에 서 있어야 합니다. 또 그렇게 할 수 있으려면 성도들 스스로가 성경의 내용들을 바르게 잘 알고 있어야 하고 우리 주님과 사도들의 교훈 전통에 익숙해져 있어야 합니다. 이것은 성도가 성경을 늘 가까이하고 숙지하고 마음에 새기고 있어야 하는 중요한 이유들 중 하나이기도 합니다.

'나태한 자들'이 교회를 어지럽히고 미혹하지 못하도록 성경의 내용들을 잘 알아서 그런 자들을 막아 내는 것도 중요하지만,[91] 이보다 더 중요한 것은 애당초 교회 내에 이러한 문제들이 심각하게 교회를 위협할 수 없도록 교회의 생태계 자체를 올바르게 세우는 일입니다. 개인적 탐욕이나 목적을 위해서 교회를 어지럽히는 '나태'가 교회를 무너뜨리지 않도록 성경과 교회의 전통과 가르침을 좌고우면(左顧右眄)하지 않고, 신실하고 충실하게 따르고자 노력이 교회에 필요합니다. 이때 필요한 것이 바로

---

91 데살로니가후서도 그런 자들과 분리할 것을 명하고(살후 3:6), 끝내 교회의 권면에 응하지 않는 이들과는 교제를 끊으라고 명했습니다(살후 3:14). 즉, 교회의 거룩을 위해 불의하고 잘못된 행동으로 교회를 어지럽히는 이들과는 결국 결별(분리)해야 했습니다.

'근면'입니다.

하나님 나라의 가치를 지키고자 하는 성도라면 당연히 이 세상에서 주어진 자신의 책무들 역시 소홀히 여기지 않고 최선을 다해 부지런히 감당할 것입니다. 이런 성도들이 교회의 주류를 이루게 되면 당연히 이에 반(反)하는 가치나 미혹들은 교회를 어찌할 수 없을 것입니다. 그런 의미에서 칠주선 '근면'은 덮어놓고 주인의 말에 따라 부지런히 일하는 기계적 복종이 아닙니다. 오히려 더 올바르고 좋은 가치를 지키기 위한 능동적이고 지혜로운 선택이며, 위협과 핍박에도 굴하지 않는 용기로 자신의 선택을 바꾸지 않는 신실하고 올곧은 삶의 태도라 하겠습니다. 이런 '근면'한 성도들이 많을수록 교회는 건강해지고 이 땅에 하나님 나라의 가치를 올바르게 드러낼 수 있습니다.

당시 교회들 속에서도 주님과 사도들의 교훈과 바른 전통을 더욱 마음에 새기고 따르려는 '근면'(성실)한 성도들이 있었습니다. 그들은 눈앞에 다가온 로마 제국의 핍박 속에서도, 잘못된 종말론 사상에 빠져 사도들이 전해 준 교훈을 거부하고 현실에서 도피해 제멋대로 살고자 하는 '나태한(게으른) 자들'의 전횡(專橫) 탓에 어지러운 교회 환경 속에서도 포기하거나 낙심하지 않았습니다. 반대로 적극적으로 주님의 뜻과 사도들의 교훈을 신실하게 실천(순종)하기로 결정했습니다. 그들은 살아가고자 노력했고 이것을 서로 적극적으로 격려했습니다.

그리고 이런 성도들이 있었기에 교회를 어지럽히고 자기 멋대로 교회를 주무르려고 했던 (하나님 나라의 기준에) '게으른 자들'의 횡포와 미혹 속에서도 결국 초기 교회의 정체성을 지켜 내고 유지할 수 있었을 것입니다. 이것이 오늘의 교회와 성도들에게도 큰 교훈과 위로가 되기를 바랍니다. 결국 교회를 지켜 내는 것은 한두 명의 지도자가 아니라 신실하고 진실한(근면한) 성도들 모두입니다. 그들 모두가 불의와 악에 저항하고 맞서는 단결된 힘이기 때문입니다.

오늘의 교회에서도 교회를 무너뜨릴 만한 큰 위협과 위기는 교회 외부가 아니라 교회 내부의 변절자(배교자)들로부터 옵니다. 교회의 올바른 가르침과 전통을 거부하고 탐욕과 욕망에 사로잡혀 다른 이들을 미혹하여 교회를 변질시키고 돈과 권력의 맛에 취해 성도들을 갈취하려고 하는 이들의 위협에 맞서 나태하지 않고, 근면하게 하나님 나라의 가치와 하나님의 말씀에 순종하여 결국 주님의 몸 된 교회를 지켜 내는 성도들이 일어날 수 있기를 바랍니다.

[좀 더 생각해 볼 질문들]

(1) 데살로니가교회에서 '게으르게 행동'하는 사람들은 구체적으로 어떤 부류였습니까(살후 3:5-8 참조)?

(2) 데살로니가후서 3:5-8의 내용을 참고했을 때 본문에서 말하는 '게으른 자들'이 만들어 내는 '일'은 어떤 것이었을까요(살후 3:10, 11-13 참조)?

(3) 성도가 낙심하지 말고 계속해서 행해야 하는 '선'은 구체적으로 무엇일지 본문과 참고 본문을 참고해서 생각해 보십시오.

(4) 데살로니가후서 3:6-15의 내용을 전반적으로 고려할 때, "누구든지 일하기 싫어하거든 먹지도 말게 하라"(살후 3:10)라는 권면의 구체적인 의미는 무엇일지, 그리고 이것이 오늘의 교회 현장에서는 어떤 의미가 될 수 있을지 생각해 보십시오.

(5) 본문과 참고 분문을 통해 나에게 적용할 수 있는 교훈과 실천적 과제는 무엇입니까?

에필로그

7

SEPTEM PECCATA CAPITALES

Epilogue :
오늘의 교회가 지켜야 할
성경적 가치를 고민하는 분들께

머리말에서도 말씀드렸습니다만, 이 책의 내용은 처음부터 책으로 기획된 것이 아니라 기본적으로 교회 성도님들과 예배 시간에 나눈 설교다 보니 서책에 적합한 내용으로 다시 손질을 하면서 여러 어려움을 겪었습니다.

무엇보다 저와 삶을 일정 부분 나누고 서로를 잘 알고 있는 교회 공동체 식구들과 나누던 이야기와 일면식이 없는 분들과 나눌 이야기가 같지 않기 때문에 설교의 중심 주제들은 유지하면서도 문장과 내용들을 보편적이고 모든 교회 성도님들과 함께 고민할 수 있는 공통적인 것으로 바꾸는 작업이 쉽지 않았습니다. 어떤 면에서는 아예 백지 상태에서 책을 쓰는 것이 낫다고 생각할 정도로 어려웠습니다.

그럼에도 불구하고, 졸작(拙作)이나마 마무리를 짓고 난 후 돌아보니 여러모로 제게는 의미 있는 작업이었습니다. 왜냐하면 칠죄종에 관한 개인적 호기심으로 시작한 연구를 교회 성도님들과 나누는 것도 좋았지만, 칠죄종 자체가 가지고 있었던 교회 공동체적 윤리와 교회 정체성과 관련된 기준이라는 측면이 비단 제가 섬기고 있는 정언향교회뿐만 아니라 한국 교회 전체가 함께 고민해야 할 문제였음을 깊이 생각해 볼 수 있었기 때문입니다.

현재의 한국 교회, 특히 개신교회가 심각한 상황 속에 있음을 모르는 성도들은 거의 없을 것입니다. 교파, 교단, 신학교, 목회자 그룹, 일반 성도에 이르기까지 그야말로 총체적 난국이라고 말할 수 있을 만큼 온갖 크고 작은 부정부패와 변질이 극심하기 때문입니다.

하루가 멀다 하고 범죄들이 터져 나오고, 타인을 혐오하고 증오하는 언행과 그에 따른 폭력 사건과 결과들이 끊이지 않으며, 그 와중에도 교회들은 서로 싸우고 분열하고 있습니다. 그러니 개신교가 한국 기독교 종파 중에서 가장 낮은 신뢰도와 호감도를 보이는 것은 물론, 주요 종교 중에서도 하위권을 기록하는 것은 어쩌면 당연한 일일지도 모르겠습니다.[92] 이런 낮은 수치가 거의 해마다 더 낮아지고 있다는 것은 더 심각합니다. 간혹 소폭 반등을 하기도 하지만 전체적으로 보면 장기적으로는

---

92 한국리서치가 최근 조사한 '2023 종교 인식 조사'에서 개신교는 같은 한국 3대 종교인 불교(52.2%), 가톨릭(천주교)(51.3%)보다 크게 부족한 33.3%의 호감도를 얻었습니다. 더 심각한 것은 '기독교 윤리 실천 운동'이 조사한 '2023년 한국 교회 사회적 신뢰도 여론 조사'에서 개신교는 고작 16.5%의 신뢰도를 얻었다는 것입니다. 그런데 그 조사에서 개신교 신자들이 스스로 생각하는 개신교 호감도에서는 77.9%라는 압도적인 수치가 나왔습니다. 이는 한마디로 개신교 신자들이 큰 착각에 빠져 살고 있다는 의미입니다.

계속 하향 곡선을 그리고 있는 것은 틀림없는 사실입니다.

이는 한국 개신교가 한국 사회에서 종교로서의 기능을 감당할 수 있는 시간이 얼마 남지 않았다는 것을 의미합니다. 한국 개신교가 계속 이런 식으로 살다 보면, 결국 한국 사회에서 아무런 영향력도 없고 오히려 불쾌감만 주는 천덕꾸러기로 전락할 것이 자명하기 때문입니다. "너희는 세상의 소금이다. 너희는 세상의 빛이다"(마 5:13, 14, 새번역)라는 주님의 말씀이 무색할 지경입니다.

한국 교회, 아니 한국 개신교가 어쩌다가 이런 지경에 이르게 되었는지에 관해서는 사실 엄청나게 많은 연구와 비판이 종교적으로든, 사회적으로든 있어 왔습니다. 실제로도 많은 이유가 있고 배경이 있습니다. 그러나 진짜 문제는 한국 개신교가 몰라서가 아니라 알면서도 계속 이러한 길을 고집하고 있다는 것입니다. 마치 과거 구약의 이스라엘처럼 말입니다.

이스라엘은 하나님의 심판을 받을 것이라고 예언자들이 그렇게 외쳤고 유대인들 스스로도 자신들의 문제를 뻔히 알면서도 '우리는 괜찮다', '우리는 아무 일이 없고 더 잘 될 것이다'라며 희망사항을 주문처럼 외웠습니다. 그러다 결국 그들은 하나님의 심판을 받았는데, 그 이스라엘의 그림자가 오늘의 한국 개신교에도 짙게 드리워져 있습니다. 저는 그 이유를 교회들 스스로가 '탐욕으로부터 구원받지도, 회심하지도 않은 결과'라고 거의 확신합니다.

말을 잠깐 돌려, 현재 세계에 기후 위기와 환경 오염이 심각하다는 사실을 모르는 국가와 사람들은 별로 없을 것입니다. 심지어는 수십 년 전부터 과학자들이 수많은 데이터를 통해 앞으로 극적인 탄소 배출 감소와 환경 파괴 중단이 있지 않으면 멀지 않은 시기에 세계는 괴멸적인 재앙을 맞이하게 될 수 있다고 경고하고 있을 정도입니다.

그럼에도 왜 실제로는 그런 노력이 잘 이뤄지지 않을까요? 몰라서가 아니라 모두가 알고 있는 사실인데도 말입니다. 그것은 지금까지 누려 왔던 물질적 풍요와 문명의 편리함 대부분이 환경 파괴와 약탈적 개발을 통해 얻을 수 있는 것이기 때문입니다. 재앙을 막기 위해서는 조금 더 불편하게 살고, 조금 더 부족하게 살고, 조금 더 자연과 함께 살아가야 하는데, 우리가 그럴 수 없기 때문입니다. 특히 문명이 발달한 선진국들일수록 이런 현상이 심합니다. 알면서도 자신들의 탐욕과 이기심을 포기할 수가 없기 때문에 계속 종말을 향해 달려가면서도 멈추지 못하는 것입니다.

저는 한국 교회도 이와 비슷하다 생각합니다. 문제의 이유를 알면서도 자신들의 탐욕을 제어할 수 없기 때문에 하나님의 심판 경고를 여러 경로를 통해 뻔히 직면하면서도 모른 척하고 스스로를 세뇌하면서까지 현실의 문제를 외면하고 있습니다. 이것을 돌이키려면 자신들이 지금까지 살아왔던 방식이 잘못되었음을 인정하고 고백하고 거기로부터 돌아서야 하는데, 그것을 할 수가 없는 것입니다. 이것은 오랫동안 이단, 사이비 종교에 빠져 있던 사람들이 그것이 잘못임을 깨달은 후에도 회심하기 어려운 이유와 유사합니다.

그럼에도 불구하고 우리는 이 어려운 일을 반드시 해내야만 합니다. 사실 저는 구원의 여정에서 이 단계가 가장 어렵다고 생각합니다. 회심(回心, repentance, conversion)이 바로 그것입니다. 이는 하나님의 은혜이면서도 인간 스스로의 결단과 행동이 반드시 따라야 되는 부분입니다. 이 회심은 중생(重生)한 신자의 표징이라고 해도 과언이 아닐 정도로 올바른 믿음에는 반드시 있어야 하는 것입니다.

회심은 단순히 죄에 대한 후회와 애통만을 말하지 않습니다. 이는 말 그대로 자신이 예전에 믿음 없이 살던 삶의 모든 태도와 기준을 버리고, 예수 그리스도 안에서 성경이 말하고 있는 하나님 나라의 기준과 뜻에 따라 방향을 바꾸는 '삶의 전향적 변화'를 일컫습니다. 그래서 회심은 반드시 회개(悔改), 즉 잘못을 고치고 바로잡는 행동이 따라야 합니다. 회개가 없는 믿음은 사실 가짜이거나 스스로를 속이고 있는 것일 가능성이 높습니다. 이는 야고보서의 가장 중요한 주제 중 하나입니다. 우리 모두가 잘 알고 있듯이, 행함이 없는 믿음은 죽은 믿음입니다.

한국 개신교회 현장에서 이 회심의 모습이 잘 나타나지 않고 그 결과가 잘 보이지 않는 이유는 여러 가지가 있겠지만, 저는 가장 중요한 원인으로 '신앙의 개인화'를 꼽습니다. 그것은 회심을 개인의 속죄 문제로 국한해 버린 것이고, 회심에 대한 관심과 점검을 교회 공동체가 아닌 개인의 경건 영역으로 축소해 버린 것입니다.

그러다 보니 신자 개인은 '예수 믿고 구원받았다'는 말을 거의 '자신의 죄 문제가 해결되었다', '죽어서 천국 가는 것'으로 오해하게 되었습니다. 그리고 종교적 행위(예배, 기도, 찬송 등)를 반복하는 것을 자신이 회심한 증거로 삼고자 했습니다. 또한 교회는 신자 개인에게 자신이 속한 공동체, 사회, 국가에서 거듭난 성도는 무엇을 청산해야 하고 어떠한 역할을 감당하는 것이 옳은지에 대해서는 거의 답을 주지 않았습니다. 결국 신자들 개인은 믿음은 있는 것 같은데 삶의 방식(세계관)은 과거와 다르지 않게 세속적으로 살게 되었고, 심지어는 그것들을 더 많이 누리고, 받고, 더 풍족하게 되는 것을 하나님의 축복으로 믿게 되었습니다. 아니, 정확하게는 그렇게 가르쳤습니다.

이것은 한국 개신교에 교파와 교단은 있으나 실질적으로는 교회별로 제각각 각자도생을 하게 된 이유와 일치합니다. 교회의 전통도, 역사도, 연속성도 없이 그저 살아남고 번영하는 것 외에는 다른 것에 별 관심이 없어지게 된 것입니다. 즉, 한국 개신교는 각 교회와 성도가 모두 하나의 거룩한 그리스도의 몸인 '공교회'(The Catholic Church)를 이루지 못하고, '참 포도나무'이신 그리스도에게서 떨어져 나간 '가지'가 되어 고사(枯死)할 형편에 이른 것입니다.

이런 진단이 맞는다면, 한국 개신교가 살 수 있는 방법 역시 자명하고 유일합니다. 다시 '나무의 본체'로 돌아가 접붙임을 받는 것입니다. 그것을 방해하는 탐욕과 이기심이라는 이물질을 떼어 버리고 본래의 자리(주님의 몸 된 공교회)로 돌아가는 것입니다. 회심을 개인의 윤리적, 신앙적 문제로 치부하지 않고 교회 전체의 문제, 교회 전체의 사활이 걸린 것으로 자각하고, 공동체 전체가 예수님과 사도들이 전해 주신 교회의 기준과 정체성을 지키고 유지하는 것에 최선을 다해 노력해야 합니다. 이러한 전향(前向)이 있을 때 성령님께서도 함께하시며 그 위에 역동적으로 역사해 주실 것입니다.

그 점에서 '칠죄종'과 '칠주선'에 관한 초기 교회의 이해와 그 기준들을 다시금 성경과 교회 초기의 역사를 통해 살펴보는 것은 제게 큰 의미가 있었고, 무엇보다도 그 과정에서 다시금 교회의 방향성을 정립하는 데 많은 도움을 얻을 수 있었습니다. 막연했던 부분이 더 분명해지고, 버려야 할 것들을 명확하게 확인할 수 있었습니다. 우리 주님께서 여러모로 불민한 제게도 그러한 은혜를 주셨다면, 아마 이 책을 읽고 같은 고민을 하며 기도하는 분들께는 그보다 더 놀라운 은혜와 역사들이 일어나리라 믿어 의심치 않습니다.